성세盛世의
매향梅香,

김천 매계 조위 종가

기획 경상북도 · 경북대학교 영남문화연구원 | **지은이** 김승룡

경북의 종가문화 연구진

연구책임자	정우락(경북대 국어국문학과)
공동연구원	이세동(경북대 중어중문학과)
종가선정위원장	황위주(경북대 한문학과)
종가선정위원	이수환(영남대 역사학과) 홍원식(계명대 철학과) 배영동(국립경국대 문화유산학전공) 조재모(경북대 건축학과) 이치억(공주대 윤리교육과)
종가연구팀	김소연(영남문화연구원 연구원) 정보선(영남문화연구원 연구원) 김나혜(영남문화연구원 연구원) 신소윤(영남문화연구원 연구원) 왕지화(영남문화연구원 연구보조원)

축 · 간 · 사

경상북도에서 『**경북의 종가문화**』 **시리즈** 발간사업을 시작한 지 벌써 16년째가 되었습니다. 본 사업은 더 늦기 전에 지역의 종가문화를 기록으로 남겨 후세에 전해야 한다는 절박함에서 비롯되었고, 그간 많은 분들의 노고에 힘입어 어느새 80권의 책자가 발간되는 데 이르렀습니다. 이러한 결실은 우리 지역의 문화자산으로 자리 잡아 가고 있어, 경북 도민의 한 사람으로서 무척 보람되게 생각합니다.

경북은 예로부터 수많은 명현거유名賢巨儒가 배출되었고, 그분들이 이룩한 전통문화가 집적되어 온 중심입니다. 특히 이러한 전통문화의 중심에는 바로 경북의 종가宗家가 있습니다. 종가는 수백 년에 걸쳐 지역 사회의 구심점이자 전통문화의 상징으로 자리 잡아 그 역할을 묵묵히 수행해 왔습니다. 우리 도는 많은 수의 종가가 고유의 문화를 오늘날까지 지켜 오고 있기에, 우리나라 종가문화의 보고寶庫라고 해도 과언이 아닙니다.

하지만 최근 급변하는 사회와 종손·종부의 고령화 등으로 인해 종가문화가 점차 훼손·소멸되고 있는 실정입니다. 이에 경상북도에서는 종가문화를 보존·활용하는 한편, 발전적으로 계승하기 위해 2009년부터 **'종가문화 명품화 사업'**을 추진해 오고 있습니다. 체계적인 학술조사 및 연구를 통해 관련 인프라를 구축하고, 명품 브랜드화하는 등 향후 발전 가능성을 모색하기 위해 다방면으로 노력하고 있습니다.

경북대학교 영남문화연구원을 통해 2010년부터 추진하고 있는 『경북의 종가문화』 시리즈 발간도 이러한 사업의 일환입니다. 도내 종가를 대상으로 현재까지 『경북의 종가문화』 시리즈 80권을 발간하게 되었으며, 결과물은 관계 문중은 물론 일반인들로부터도 큰 호응을 얻고 있습니다. 이들 시리즈는 종가의 입지 조건과 형성 과정, 역사, 종가의 의례 및 생활문화, 건축문화, 종손과 종부의 일상과 가풍의 전승 등을 토대로 하여 일반인들이 쉽고 재미있게 읽을 수 있는 교양서 형태의 책자 및 영상물(USB)로 제작되었습니다. 철저한 현장 조사를 바탕으로 하여 관련 분야 전문가들이 집필함으로써 알차게 내용을 꾸미는 한편, 개별 종가의 특징을 부각시키고자 노력하였습니다.

이러한 노력으로, 금년에는 『**상주 난재 채수 종가**』, 『**김천 매계 조위 종가**』, 『**영양 회곡 권춘란 종가**』, 『**영천 백운재 권응수 종가**』 등 4곳의 종가를 대상으로 시리즈 4권을 발간하게 되었습니다. 이 시리즈의 발간은 계속되어 도내 100개 종가를 목표로 연차적으로 추진해 나갈 계획입니다. 이러한 시도는 종가 관련 자료의 축적을 통해 종가문화 보존 및 활용을 위한 기초자료를 제공함은 물론, 일반인들에게 우리 전통문화의 소중함과 우수성을 알리는 데 크게 도움이 될 것입니다.

최근 유교적 가치와 문화에 대한 재조명이 활발히 이루어지고 있습니다. 그 바탕에는 오늘날까지 전통문화를 올곧이 지켜 온 종문宗門의 숨은 저력이 있었음을 기억하며, 우리 도에 내재한 전통문화를 계승해 나가야 할 것입니다. 이를 통해 경북의 정체성 확립은 물론, 미래 지향적인 새로운 정신을 찾아 세계적 정신문화로의 발전으로까지 이어질 수 있을 것이라 확신합니다.

앞으로 경상북도에서는 현재 잊혀져 가는 종가문화에 대한 국가 차원의 컨트롤 타워 건립 유치를 위해 힘쓸 것입니다. 아울러 종가문화에 대한 지속적인 조사·연구 추진과 더불어, 종가의 보존관리 및 활용방안을 모색하는 데 적극 노력해 나갈 것을 약속드립니다. 이를 통해 전통문화를 소중히 지켜 오신 종손·종부님들의 자긍심을 고취시키고, 나아가 전국의 종가를 연계하는 종가문화 네트워크 구축과 더불어 종가문화를 세계적인 명품브랜드로 육성해 나갈 계획입니다.

끝으로 이 사업을 위해 애쓰신 정병호 경북대학교 영남문화연구원장님과 연구책임자이신 정우락 교수님을 비롯한 연구원 여러분, 그리고 집필자분들의 노고에 진심으로 감사드립니다. 아울러, 각별한 관심을 갖고 적극적으로 협조해 주신 종손·종부님께도 감사의 말씀을 드립니다.

2025년 4월

경상북도지사 이 철 우

지·은·이·의 말

사람

근래 흥미롭게 보았던 프로그램이 있다. 건축가들이 나와서 '집'을 탐구하는 콘셉트의 프로그램이었다. 건축가들은 전국 곳곳을 다니면서 남다르게 지어진 집들을 둘러보고 사람들에게 집에 대한 의미를 환기시켜 주었다. 자연 속에 안긴 집, 바닷가에 요새처럼 지은 집, 숲을 주위에 둘러서 마치 숲속의 동화 같은 집, 벌레를 싫어하는 아내의 요구를 충족시키기 위해 과학적으로 밀폐하되 공기는 통하도록 한 집, 드넓은 다래밭을 갖고 있으면서 고재를 사용하여 고택 같은 느낌을 주는 집, 겉으로는 평범해 보여도 안으로 들어가 창밖을 내다보면 앞산이 내 것이 되는 집, 담벼락 전체가 다육이로 뒤덮여서 꽃천지를 이룬 집 등 사람마다 취향에 따라 집도 다양했다. 건축가들에 따라 평론하는 내용은 달랐지만 모두 일치된 것이 하나 있었다. '집'은 어떻게 짓느냐가 아니라 누가 사느냐에 따라 그 풍격이 달라진다는 것이다. 순간, 나는 무릎을 '탁' 하고 쳤다. 맞다. 세상의 그 수많은 집들은 모두 그곳에 사는 사람이 무엇을 하고 어떻게 생각하느냐에 따라 달라지는 것이다. 결국 사람이 문제인 것이다.

종문

고즈넉한 산자락 아래에 자리를 잡은 김천 봉계마을, 그곳을 찾아가는 심정이 흡사 건축 탐구를 하는 평론가들과 같았음을 부인하지 않겠다. 번듯한 종가집을 생각하고 찾았던 그곳에서 나를 반겨 준 것은 뜻밖에도 '사람들'이었다. 초로에 접어들었음에도 연배 낮은 나에게 따스한 말을 먼저 건네고 안으로 '모시는' 모습은 낯선 장면이었다. 환대에 보답하느라 그분들의 말씀을 경청하노라니 시간은 어느덧 흘렀다. 나는 '종가'를 찾아가는 것은 언제려나 하는 심정으로 기다렸다. 그러나 그분들은 찾아 준 데 거듭 고마워하면서 작별을 고할 뿐이었다. 당황스러웠다. 궂은 날씨 탓이었을까? 그렇다고 해도 종가를 찾아왔는데 종가를 안내해 주지 않다니! 이 우둔한 내가 '종가'의 의미를 어렴풋하게나마 알게 된 것은 시간이 더 지나서였다. 이분들에게 '종가'는 '종택宗宅'이 아니었다. 오랫동안 시공간을 공유하며 적층된 가문을 뜻했던 것이다. 이후 나는 종가라는 단어를 쓸 때 근신했다. 그리고 '종문宗門'이란 표현을 사용했다. 가문이란 혈연의 선線인 성씨로만 존재하지 않음을 알게 되었기 때문이다. 이것이 내가 '창녕조문昌寧曺門'이라고 쓰는 이유이다.

생명

종문은 살아 있는 생명체였다. 태어나고, 늙어 가고, 아프고, 사라진다. 변화를 겪고 견뎌 내며 주춤했다가 다시 도약하기도 한다. 봄이 되어 꽃을 피웠다가 여름에 신록을 드리우고, 가을에 나뭇잎을 떨

구더니 겨울에 맨몸으로 추위를 마주한다. 나무조차 용케 한 해를 넘겼어도 이듬해에 훼손되어 사라지는 경우가 허다하다. 그런데 사람의 삶이야 말해 무엇하겠는가? 그런 사람들이 하나둘 모이고, 그 모임이 일 년, 십 년, 백 년, 반 천 년을 살아 내고 있었다면, 이것은 거의 기적에 가까운 일이 아닐까? 조경학자들은 나무의 수종樹種 변화를 통해 숲의 삶과 죽음을 읽어 낸다고 한다. 그럼, 우리네의 생명은 무엇으로 읽어 낼 수 있을까? 나는 창녕조문 매계문중을 마주하면서 이 질문을 계속 던졌다. 이들은 삶의 여정旅程 가운데 어디쯤 지나고 있는 것일까? 또한 무엇으로 그 삶을 살아 내고 있는 것일까? 그러나 오래지 않아 깨닫게 되었다. 종문은 그냥 살고 있었다. 이들에게 생존의 이유를 묻는 것은 마치 살아 있는 누군가에게 너 왜 사냐고 묻는 것과 같은 폭력적 질문이었다. 모든 살아 있는 것은 살아야 할 이유가 있다. 살아 있다는 것이 존재의 이유이다. 하루하루 성실하게 살아 내는 것만이 우리에게 주어진 몫이요, 우리에게 주어진 소명이다. 살다가 힘들면 잠시 쉬었다 가면 되었다. 쉬고 나면 기운도 나고, 내친김에 달려볼 수도 있으리라. 다만 생명의 끈을 놓지 않고 느긋하되 늑진하지 않으며, 과감하되 조급하지 않으며, 앞으로 내달리되 아픈 다리 보듬어 주며 같이 가면 된다. 그래야 종가는 종문으로 남을 것이요, 그렇지 않으면 종택만 덩그러니 남을 것이다. 그런 점에서 창녕조문 매계문중은 서로 보듬으며, 멀든 가깝든 종손이든 지손이든 공존하며 생명력을 유지하고 있었다.

문화

종문은 하나의 문화였다. 박제되어 골동화된, 그리하여 박물관에

전시된 사물死物이 아니었다. 그들의 삶이 녹아 있고 많은 이들과 공유되는 문화 그 자체였다. 문화는 공감과 공명을 생명으로 한다. 나의 문화를 남과 공유하지 않고 혼자만 소유한다면, 그것은 문화가 아니라 그저 물상일 뿐이다. 자물쇠가 채워진 고가와, 누구에게나 열려 있는 고택이 사람들에게 주는 느낌은 전혀 다르다. 소유자의 내밀한 욕망에 충실한 폐쇄는 문화를 만들 수 없다. 이 점은 특히 전통문화를 운운하는 경우에 더욱 주의할 지점이다. 그런 점에서 창녕조문 매계문중이 반세기 동안 지속적으로 율수재를 청소년에게 개방하고 있는 점은 높이 평가될 만하다. 율수재는 조위의 구거舊居로서 단촐하게 집 한 채만 있을 뿐이다. 조선 성종조 대표적인 문인이라는 명성에 걸맞지 않은 초라한 규모이다. 뿐만 아니라 조위의 삶에 대해서는 세상에 잘 알려지지 않은 터였다. 학문적으로 연구되기 시작한 것도 30년 전에 불과하다. 율수재를 처음 개방했을 당시엔 그 경역境域조차 제대로 단장되지 않았을 터라 남에게 내보이기 어려웠을 것이다. 매계문중으로서는 자신들의 내밀한 아픔을 내보이는 결단을 한 것이다. 그로부터 반세기가 지나, 매계백일장은 매년 지역의 청소년 수백 명이 참여하는 대규모 '문화'가 되었다. 매계문학상 공모 포스터를 보면 관복을 곱게 차려입은 조위의 초상화가 등장한다. 현대 시인들을 대상으로 한 문학상 공모 포스터에 조선의 관복을 입은 선비가 등장하다니! 대단히 용기 있는 발상이다. 행사가 전국 단위임은 물론 향토 문인들에게도 열려 있어, 매계는 시인으로서도 하나의 문화를 이루고 있는 셈이다. 자신들의 삶을 열어 놓고 세상을 받아안아 공유하며, 일가붙이를 넘어 지역과 만나고 미래와 소통하며 정신으로 교유하는 문화를 일구고 있는 창녕조문 매계문중에 경의를 표하는 바이다.

여적餘滴

이 책을 집필하면서 귀한 도움을 많이 받았다. 먼저 창녕조문 매계 문중에 감사드린다. 낯선 나를 따스하게 받아 주심에서 넉넉한 인심과 명가의 자부를 읽었다. 그리고 종가 기획에 초청해 준 연구책임자 정우락 교수와 함께 기획하신 선생님들께 깊은 사의를 올린다. 학문적 후배에게 지적 자극과 연찬의 기회를 주셨음을 잊지 않겠다. 아울러 반드시 거론할 분들이 있다. 종가 사업을 실질적으로 구현하고 있는 연구진이다. 김소연 연구원을 비롯한 연구진은 근래 보기 드문 책임과 헌신으로 불민한 나를 종가의 세계로 안내해 주고 다그쳐 주었다. 이들이 아니었으면 나는 종가 어딘가에서 길을 잃고 헤매고 있을 것이다. 그들의 인내와 배려가 참으로 고맙다. 끝으로 타국에서 원고를 마무리할 수 있도록 곁에서 믿고 격려해 준 아내와 두 딸, 그리고 사위에게도 고마운 마음을 전한다. 이들은 늘 나에게 새로운 용기와 기운을 불어넣어 주었다. 끝으로 매계 조위와의 만남을 진심으로 기쁘게 생각한다. 성세盛世의 매향梅香 속에 가려진 아픔을 딛고 세상과 정직하게 만났던 그가 있었기에 조선 초는 아름다운 지적 세계가 열릴 수 있었다. 수백 년 뒤 후학으로서 뿌듯함을 느낀다. 내년 향사에 마암재를 다시 방문하여 멀리서나마 매계의 넋에 배례하고자 한다. 아, 조금 있으면 율수재의 배롱나무가 방당에 붉은 그림자를 띄우리라.

2025년 5월, 미명호의 노을을 바라보며

김승룡 삼가 적다

김천 매계 조위 종가

목차

제1장

통서統緖
-역사와 세계

1 창녕 득성지得姓地와 역사화

검은 머리로 금대에서 옛 사관이었거늘　　綠髮金臺舊史官
절집에서 밤에 묵으며 부들자리 빌리노라.　　祇園夜宿借蒲團
등롱 아래 가만히 능가경 글자를 되뇌나니　　篝燈細話楞伽字
우수수 난간에 부는 바람은 눈이 올 듯 차갑구나.　　樸簌風欞雪意寒

– 「직지사에서 묵다[宿直指寺]」, 『매계선생문집』 권1

1) 화왕산 용지, 성씨를 얻다

창녕조문昌寧曺門은 남다른 설화를 하나 갖고 있다. 바로 득성과 관련한 이야기이다. 그리고 이 이야기의 장소는 문화재적 가치가 인정되어 사회적으로 공인되었다는 점에서도 의미가 있다. 사실 하나의 성씨가 세상에 나오는 사건은 귀한 일이다. 게다가 창녕조문은 단일한 성씨로서 단일한 본관을 갖고 있기에, 이 설화적인 이야기는 차후 전개될 창녕조문의 모습이 가진 독창적 면모와 관련하여 주목된다. 이제 그 이야기로 시작해 보자.

창녕의 진산이라 할 수 있는 화왕산은 경상남도 창녕군 창녕읍 옥천리 산322번지에 위치하며, 주봉의 높이는 해발 757m이다. 정상 바로 아래에는 분지형 평원이 펼쳐져 있고 산성으로 둘러싸여 있다. 즉 자연스레 형성된 산성이 이 분지를 옹위하는 형국이다. 마치 신하들이 에워싸서 하나의 공간을 신성하게 바라보고 있는 모습인 것이다. 이 산성의 내부 면적은 54,490평이고 둘레는 2,600m에 이른다. 원래 이곳은 백제 땅이었다. 뒷날 신라 진흥왕(재위 540-576)에게 정복당했지만 이 산성은 그 이전부터 축조되어 있었던 것으로 보인다. 성안에는 샘[泉]이 아홉 개, 못[池]이 세 개 있었다고 전해지나, 지금은 샘은 없어지고 못만 남아 있다.

조선조 세종(재위 1418-1450) 때는 이 성안에 군창軍倉까지 두었으나 성종(재위 1469-1494) 때는 버려졌다. 그러다가 임진왜란(1592) 때 다시 성을 수축해서 사용하였고, 정유재란(1597) 때는 홍의장군紅衣將軍 곽재우가 내성內城을 쌓았다고 한다. 그 후 성은 오랫동안 방치된 채 아무도 돌보지 않아서 많은 성곽이 허물어져 성의 원래 모습조차 짐작하기 어려울 지경이었다. 다만 1963년에 사적 제64호로 지정되면서 성의 보존이 시작되었고, 지금은 웬만큼 복원이 이루어졌다. 현재 군립공원으로 지정되어 보존되고 있다.

산성의 존재는 그 안에 사람이 살았다는 것을 방증한다. 외부로부터 보존되어야 할 존재가 있었다는 것이니, 우리는 그 존재가 궁금하지 않을 수 없다. 특히 버려졌던 산성이 왜적이 침입하던 순간에 항전의 중심지가 되었다는 사실은 이 산성이 산세로 이뤄진 곳일 뿐만 아니라 누군가를 지키고 보호한다는 느낌을 준다. 그 하나가 창녕조문의 시조였다.

산성 안의 못 가운데 가장 큰 것이 용지龍池이다. 혹은 유지遊池라고도 부른다. 이 용지에는 다음과 같은 이야기가 전해 온다.

> 신라 시대 한림학사 이광옥의 딸 예향의 몸에 청룡질이라는 병이 생겨 온갖 약을 써도 잘 낫지 않았다. 도사 하나가 이를 보고 화왕산 용지에 가서 목욕하면 나을 것이라 했다. 이 말을 들은 예향이 용지에 가서 목욕하는데 갑자기 운무가 끼어 사방을 분간할 수가 없었다.
>
> 잠시 후에 운무가 걷히고 예향은 목욕을 한 후 집으로 돌아왔다. 그 뒤 예향은 오랫동안 고생하던 병이 씻은 듯이 나았는데 이상하게 배가 불러왔다. 다름 아닌 임신이었다. 그런데 어느 날 밤 꿈에 한 장부가 나타나서 하는 말이, "이 아이를 낳아 잘 키워라. 내가 이 아이의 아버지인 옥결이다. 이 아이는 뒤에 훌륭한 인물이 될 것이니라."라고 했다. 예향은 아이를 가진 지 열 달 만에 아들을 낳았다. 그 아이는 용모가 남달랐으며, 겨드랑이에 '조曺' 자 모양으로 된 붉은 빛깔의 태흔胎痕이 있었다.
>
> 이광옥 학사는 아이가 범상치 않음을 알고 왕에게 이 사실을 아뢰었다. 왕은 한번 보고는, 들은 바와 같았고 아이가 범상치 않음을 알게 되었다. 그래서 태흔을 따라 성씨를 조曺로 내리고, 용의 정기를 이어받았다고 하여 이름을 계룡繼龍으로 내렸다. 이 아이는 잘 자라나더니 신라 제26대 진평왕(재위 579-632)의 사위, 즉 부마가 되었다.
>
> – 조수종, 「화왕산 득성지의 유래: 문화재 지정의 의미」, 『덕원』 창간호, 창녕조씨 김천청년회, 삼광출판사, 2005, 46~47쪽

이 성씨를 하사받은 이가 바로 창녕조문의 시조인 조계룡曺繼龍이다. 먼 후일 이 용지 부근에 하나의 표석이 세워졌다. 1897년(광무 원년)의 일이다. 당시 경상남도 관찰사 조시영曺始永이 화왕산의 용지 부근에 한자로 "창녕조씨昌寧曺氏 득성지지得姓之地"라고 새긴 표석을 세운 것이다. 이 일이 비록 조선 말에 이뤄지긴 했지만, 이곳이 창녕조문의 득성과 관련된 곳임을 관방에서 공인하였음이 주목된다.

그러나 이곳은 산성의 운명과 같이 오랜 세월 방치되어 잡초 속에 있는 듯 없는 듯한 장소가 되었다. 게다가 이곳을 다니는 유객遊客들도 심상하게 보아 넘길 뿐이었고 사적지로서의 의미는 갖지 못했다. 그러다 1985년, 조인환이 문화재 당국에 현상 변경 허가를 신청한 것이 받아들여지면서 용지 수습의 실마리가 풀렸다. 문중은 용지 주변에 철책을 둘러서 외부인의 발길을 사양했고, 당국도 안내 입간판을 세워 주는 등 보호의 첫걸음을 내딛게 되었다.

이후 문중은 2001년 10월, 창녕박물관에서 용지 보수를 위한 간담회를 연 뒤, 창녕조씨 득성지 보존회를 만들어 연지蓮池 시굴 조사 기관인 경남문화재연구원과 공동 작업을 도모하였다. 그 결과 2002년 5월 2일부터 약 3개월 동안 시굴 조사가 실시되었고, 그해 7월 27일에는 화왕산 현장에서 발굴 조사 설명회가 열렸다. 이날 조사팀의 발표 내용은 대단히 고무적인 것이었다. 발표 내용 가운데 다음 세 가지가 득성지와 관련하여 주목되었다.

첫째, 연못 세 곳 인근에 삼국시대부터 사람이 거주했음을 확인했다.

둘째, 연못은 최소 3회 이상 손으로 축조했으며 축조 연대가 조선 태종 10년쯤으로 추정된다.

셋째, 특히 연못이 세 곳으로 이루어진 점을 감안할 때, 제주도의 삼성혈三姓穴과 같이 창녕조씨의 득성과 관련된 신성한 장소로 여겨졌을 가능성이 있다.

- 조수종, 「화왕산 득성지의 유래: 문화재 지정의 의미」, 『덕원』 창간호, 창녕조씨 김천청년회, 삼광출판사, 2005, 48쪽

그 후 2002년 8월 14일, 문중은 이곳을 문화재로 지정받기 위해 신청서를 냈다. 2002년 9월 14일 현지 조사가 진행되었고, 2003년 4월 17일에 득성지가 문화재 위원회의 심의를 통과함으로써 구전의 설화로만 전해져 오던 '창녕조씨 화왕산 득성지'가 문화재로 공인되었다. 이를 통해 창녕조문의 득성지는 사회적으로 공인되었다.

2) 종덕재

화왕산 용지에서 세상에 나온 창녕조문의 시조 조계룡의 무덤은 경주 자옥산 자락에 있다. 무덤과 관련해서는 흐뭇한 기록이 하나 있다. 먼저 1796년(정조 20) 조채신曺采臣의 고유문을 들춰본다. 그의 기록에 의하면 다음과 같다. 즉 시조 조계룡은 상제에게 성씨를 하사받고 신라 진평왕의 사위가 되었으며 태사의 지위에 올랐지만 그가 묻힌 곳은 알 수 없었다. 그런데 그곳이 경주부 북쪽, 자옥산 기슭의 풀숲에 있던 무덤으로 조명교曺命敎의

꿈에 현몽하였다. 꿈만으로는 믿기 어려울 터였지만 밖으로 출가한 후예의 보첩에 '초제草堤'라는 지명이 있었고, 그 지명이 현몽한 풀숲과 일치하였기에 무덤 찾기를 시작했다. 실제로 영천의 일가붙이들에게 알리고 찾아보도록 했는데, 조선적曺善迪이 한결같이 진심으로 노력하여 그곳을 찾았다. 그리고 그곳에 살고 있던 노인들과 주민들에게 조씨의 무덤임을 확인받았다. 현몽과 보첩과 증언이 하나로 모이는 기적 같은 순간이었다. 그러나 무덤들이 뭉개져 있어서 어느 위가 시조의 무덤인지 분명하지 않았고, 섣부르게 할 일이 아니라 여겨서 후일을 도모했다. 이후 조씨 문중의 외손인 유한모兪漢謨가 경주 부윤으로 재임하여 묘역을 다듬게 되었다. 같은 해에 쓰인 조회진曺晦振의 제문에는 무덤의 방향도 기록되어 있는데, "무덤이 경주에 있는데 부치府治 40리 북쪽이고 초제草堤가 그 마을이며 자옥산紫玉山 기슭인데, 경태庚兌(서남)로부터 내려온 산맥에 을향乙向(동남)으로 묘혈墓穴 잡았다네. 그곳에 가서 징험하니 하나하나 착오가 없었고 꿈에 본 바에 의거 확인하니 의심이 없어졌네."라고 했다.

무덤을 찾고 제를 드린 지 2년 뒤, 창녕조문은 1798년(정조 22)에 무덤 앞에 단을 쌓고 제사를 지냈다. 이때 재사齋舍 하나를 무덤 부근에 세웠다. 그리고 1817년(순조 17)에 시조의 묘단비가 건립되었다. 홍양호洪良浩가 묘단비의 글을 찬하고, 조봉진曺鳳振이 해자楷字를, 조석정曺錫正이 전자篆字를 썼다. 그 후 세월이 흐르면서 재사는 낡고 무너지며 다 스러져 갔다. 당시 전라 관찰사로 있던 조봉진이 봉록에서 돈을 추렴하여 자본으로 삼고, 조석오曺錫五가 감독하여 1832년(순조 32)에 재사를 보수하여 영건하였다. 당시 조봉진은 재사의 이름을 종덕재種德齋로 짓고 다음과 같은 기문을 지었다.

> 옛날에 묘정墓亭을 두고 '사思'를 갖고 이름을 붙인 것은 대개 그 선조를 사모하고자 하였던 것이다. 이제 그 선조를 사모하면서 덕을 심은[種德] 것을 그리워하지 않을 수 있겠는가? 이것이 내가 재사의 이름을 '종덕'으로 지은 까닭이다.
>
> 아! 우리 선조께서 덕을 심은 것이 많도다. 오늘까지 천여 년이 지났으되 자손들은 그분이 남긴 복을 먹어도 다 없어지지 않아서, 높은 수레와 사마駟馬를 타서 현달함은 그 몸을 영화롭게 하고, 혹은 토지가 드넓어서 부유함은 집을 윤기나게 만들며, 혹은 장수하고 건강하며 자손이 창성하도다. 비록 이보다 못한 경우라 해도 배고프면 먹고 추우면 옷 입어서 구렁텅이에서 야위어 죽는 것을 벗어날 수 있으니, 이는 모두 우리 선조께서 덕을 심어서 그리된 것이 아님이 없으니, 어찌 잠시라도 잊을 수 있겠는가. 잠시라도 잊지 않는다면 보답을 생각해야 하고 보답을 생각한다면 또한 덕을 심을 따름이다.
>
> – 조봉진, 「종덕재기種德齋記」, 『덕원』 창간호, 창녕조씨 김천청년회, 삼광출판사, 2005, 51~52쪽

기문의 끝에 조봉진은 소식의 말을 인용하면서, "나무를 심고 덕을 심지 않으면, 모이고 흩어짐이 새가 날아가듯 하리라.[種木不種德, 聚散如飛禽]"라고 했다. 시조의 공덕을 '종덕'으로 이름하고, 그에 맞추어 살 수 있기를 다짐한 셈이다.

지금도 창녕조문이 '덕원德源'이란 이름을 쓰는 이유는 여기에

근원한다. 이후 수차례의 중건과 증축 과정을 거치면서 반고당反古堂이 세워지고, 재사의 문호가 '영사문永思門'으로 명명되었다. 앞서 조봉진이 선조를 그리워하는 마음에서 '사思'를 언급한다고 했던 것이 150여 년이 지나서 종덕재의 문호로 자리 잡은 것이다. 이 종덕재는 현재 경상북도 경주시 안강읍 노당 2리(초제)에 위치하고 있다. 1977년에 문화공보부 제138호 문화재로 지정되었고, 그 후 정부 시책 변경에 의거해 1985년에 경상북도 문화재 자료 제91호로 지정되었다. 2021년에 국가유산청에서 국가유산 지정번호 제도를 개선하면서, 현재 경상북도 문화유산자료로 지정되어 있다.

나는 문중의 가승家乘 기록, 노인들의 기억, 진심에 감응한 현몽 등이 어우러진 이 이야기의 진실성을 믿는다. 우리는 역사를 기술하면서 찾을 수 있는 자료를 모아서 재구하지만, 모든 퍼즐이 완벽하게 맞춰지진 않는다. 그래서 엄정한 역사학자는 눈에 보이거나 손에 잡히는 사실만을 인정하고 나머지는 그대로 버리는 경우가 있다. 이에 대해 나는 다소 유보적인 입장이다. 세상의 모든 것을 눈으로 확인하고 손으로 만져야 한다면, 아마 이 세상의 역사는 구성될 수 없을 것이다. 창녕조문 시조에 대한 이야기는 바로 이 지점에 대해 우리에게 시사하는 바가 크다. 일문의 신화적인 이야기에 불과할 수도 있겠지만, 그 안에는 조상에 대한 애정과 숭모의 마음이라는 진실이 담겨 있고, 무덤을 찾기 위해 백방으로 노력했을 종인宗人들의 가없는 노력과 심혈도 들어 있다. 용지의 전설이 사회적으로 공인되는 과정은 드라마틱하기까지 하다. 가승의 편언척자片言隻字 하나도 소중히 갈무리하지 않으면 안 되는 이유가 여기에 있다. 창녕조문은 이렇게 신화에서 전설로, 전설에서 역사로 들어왔다.

통서統緖 - 역사와 세계

2 김천 봉산면 봉계 입향과 세계世系

1) 김천 봉계로의 입향

산수는 인물을 낳고 인물은 산수를 빛낸다. 창녕조문과 김천 봉계鳳溪와의 관계도 그러하다. 창녕조문의 시조인 조계룡은 신라 진평왕의 부마 태사공으로 창성부원군에 봉해졌다. 이후 창녕조문은 신라 왕실의 외손으로서 고려 시대에 여덟 명의 평장사平章事와 아홉 명의 소감少監을 낳았다. 그러나 고려 말에 국운이 다하고 가문이 위축됨을 한탄하며 김천시 봉산면 봉계로 입향하였다.

봉계는 소백산 줄기가 힘차게 뻗어 내려 황악산에 다다르면서, 서쪽으로 황악산 계곡물과 추풍령에서 발원하여 흐르는 많

김천시 봉산면 봉계

은 시냇물이 만나 평야를 이루고 있다. 마을의 주산인 문암봉과 극락산 자락이 뻗어 내려 마을을 품에 안는 형국을 이루고 있다. 지금도 봉계는 교통의 요충지로서, 경부선 고속철도·국철·경부고속도로·일반국도가 한데 어우러져 있다. 그래서 20여 리 떨어진 추풍령을 넘어 서울로 가는 길목이기도 하다.

원래 '봉계'라는 이름은 지형이 봉황새와 같고, 마을 앞 하천에 흐르는 시냇물이 너무나 맑은 데서 유래했다고 한다. 당시 봉계로 입향한 선조는 고려조에 산원散員을 지냈던 조심曺深으로, 그는 서산정씨와 혼인하였다. 서산정씨는 부성부원군富城府院君

정윤홍鄭允弘의 딸이다. 정윤홍의 아들 다섯 명의 이름을 따서 지금 봉계에 있는 마을 세 곳의 이름을 정했다고 하니, 봉계는 창녕조문의 입향과 무관치 않음을 알 수 있다. 즉 지금 봉계의 인의리仁義里·예지리禮智里·신리信里 등은 정윤홍의 다섯 아들인 사인斯仁·사의斯義·사례斯禮·사지斯智·사신斯信의 이름 끝 자를 가져다 만들었던 것이다. 이 다섯 사람은 바로 조심의 처남이자, 조심의 부인인 서산정씨의 친정 오빠들이다. 이렇게 봉계는 창녕조문과 서산정씨가 입향하여 마을을 이루며 성세의 매향으로 자리 잡게 된다.

입향조의 조부는 조우희曺遇禧이다. 조우희는 고려조에 정순대부正順大夫 판전의시사判典儀寺事를 지냈고 창성부원군에 봉해졌으며 좌시중左侍中에 추증되었다. 묘소가 창녕군 남지읍 성사리에 있다. 부친은 고려조의 문하시중 조민수曺敏修의 막냇동생인 조경수曺敬修이다. 조경수는 고려조에 밀직부사를 지냈고 조선조에 의정부 좌찬성에 추증되었으며 서성군瑞誠君에 봉해졌다. 입향조의 맏형은 대호군大護軍과 예조 참판禮曹參判을 지낸 조혼曺渾이고, 둘째 형은 전라 감사를 지낸 조항曺沆으로 영의정에 추증되었다.

조혼의 아들인 조효문曺孝門은 대사헌·평안도 관찰사·예조 참판 등을 지냈고 창성군昌城君에 봉해졌으며 시호가 성도成度이다. 조항의 아들인 조석문曺錫文은 조선 세조 대에 이시애의 난을 평정하여 적개공신 1등에 올랐고, 성종 대에 좌리공신 1등으로 녹훈되었으며 도승지·이조 참판·호조 판서 등을 거쳐 영의정領議政을 지냈다. 입향조 조심의 아들로는 선무랑 조승중曺承重과 울진 현령을 지낸 조계문曺繼門이 있고, 손자로는 조위曺偉를 비롯해 조신曺伸·조보曺保·조척曺倜·조윤曺倫·조전曺佺 등이 있으며, 손녀사위[孫壻]로 김종직金宗直이 있다.

창녕조문은 봉계에 입향한 뒤로 조위를 비롯해 많은 선비들을 배출했고, 그 덕분에 봉계는 훌륭한 반촌으로 알려져 있다. 최초 입향조가 자리 잡은 곳은 김천 봉계고을 인의1리로 창녕조문의 집성터이다. 문장공 조위, 효강공 조신, 지정공 조균, 둔암공 조준남, 지중추부사 조세호, 관찰사 조시영 등이 이곳 인의리에서 태어났다.

그 동쪽으로 김천의 시작인 아포읍을 지나 김천 남면 송곡, 신음동, 봉산면 봉계·덕천·태화·입석·신암, 대항면 복전·대룡·운수, 추풍령 황간까지 100여 리에 걸쳐 양쪽으로 창녕조문들이 분포하여 살고 있으며 또한 많은 선영이 자리 잡고 있다. 특히 신음동에는 조신의 후손들이 집성촌을 이루고 있으며, 아포읍과 남면 지례에는 조상치曺尙治의 후손들이 거주하고, 선산 오가리에는 조계은曺繼殷의 장자 조응경曺應卿의 후손들이 모여 살며, 아포읍 국사·지동·인동, 남면 송곡, 구미 도량동에 조계은의 다섯째 아들의 후손들이 집성촌을 이루고 있다. 이뿐만 아니라 조위의 4대손인 조응상曺應祥은 임진왜란 때 신립의 휘하에서 의병으로 활동하다가 부득이 피난하여 경남 거제로 들어가 입향조가 되기도 하였다. 아래에서 종가가 이뤄지는 내력을 세계를 통해 살펴보도록 한다.

2) 세계世系: 종가의 형성

산수가 낳은 사람들은 대대로 흘러오며 하나의 통서統緖를 이루고 종가를 형성한다. 종가는 하나의 집이라는 공간이 아니라 사람의 일맥으로 이뤄지기 때문이다. 앞서 거론했듯이 창녕조문은 신라 진평왕의 부마인 조계룡曺繼龍을 시조로 하면서, 조심曺深을 입향조로 하여 경상북도 김천에서 세거하는 성씨이다. 중시조는 고려 태조 왕건의 사위인 대악서승大樂署丞 조겸曺謙이다. 시조인 조계룡이 창녕 화왕산火旺山의 용지龍池에서 잉태되었다는 설화가 전해져 본관을 창녕으로 삼았다고 한다.

김천 지역의 창녕조문은 좌찬성 조경수曺敬修로부터 나뉘어진 찬성공파贊成公派의 후손이 세거지를 형성하고 있는데, 찬성공파에서는 시조로부터 20대로 추정되는 조송무曺松茂를 갱기更起하여 1세르 하고 있다. 그 계보를 살펴보면 다음과 같다.

(1) 조송무, 그리고 조심

제1세 조송무曺松茂는 고려 중기에 소감少監을 지냈고, 제2세 중에 조송무의 넷째 아들인 조준曺俊도 소감少監이며, 제3세 중에 조준의 둘째 아들인 조인취曺仁取도 소감少監이었다. 제4세 중에 조인취의 둘째 아들인 조원계曺元桂는 고려조에 중문 지후中門祇候를 지냈고 찬성사贊成事로 증직贈職되었다. 제5세 중에 조원계의 아들인 조우희曺遇禧는 고려조에 정순대부正順大夫 판전의시사判典儀寺事 증 좌시중左侍中으로 창성부원군昌城府院君에 봉작되었다.

제6세 중에 조우희의 셋째 아들인 조경수曺敬修는 고려조에 밀직부사密直副使와 상호군上護軍을 역임했고, 조선조에 단성좌명공신端誠佐命功臣으로 서성군瑞誠君에 봉군되었으며, 좌찬성左贊成에 추봉되었다. 그리고 그 후손이 찬성공파贊成公派를 이루었다. 조경수는 1388년(우왕 14)에 이성계李成桂와 함께 위화도 회군을 단행해 창왕을 옹립한 공으로 공신에 책봉되었던 조민수曹敏修의 동생이다. 1389년(창왕 2)에 조민수는 조준趙浚의 탄핵으로 창녕으로 유배되면서 정권으로부터 소외되었는데, 이 당시에 조경수는 개성에 살면서 명문가를 형성하고 있었다. 그러던 중 조경수의 셋째 아들이자, 고려 말에 음직蔭職으로 산원散員을 지내던 제7세 조심曹深이 벼슬을 버리고 김천시 봉산면 인의리 봉계鳳溪마을로 낙향했다. 이분이 봉계 입향조이다. 조심은 조승중과 조계문을 아들로 두었다. 파보에 의거해 종문의 인물들을 살펴보도록 하자.

(2) 조심-장자 조승중-장자 조보

제8세 조승중曹承重은 조선 초에 품계가 선무랑宣務郎이었다. 제9세 조보曹保는 사직司直을, 제10세 조헌우曹獻虞도 사직司直을 지냈다. 제11세 조균曹鈞은 품계가 선무랑宣務郎이었고, 제12세 조백량曹伯良은 상의원정尙衣院正을 지냈다. 제13세는 조인曹訒이고, 제14세 조인원曹仁元은 품계가 선무랑宣務郎에 올랐다. 제15세는 조도曹璹·조원曹瑗·조욱曹頊·조연曹瑌·조전曹瑕으로, 이들은 모두 조인원의 아들이다. 조도는 조인원의 장자이고, 조욱曹頊은 강원 감사江原監司를 지냈다. 제16세 조한일曹漢逸은 조도의 아들로 첨정을 지냈다. 제17세 조계曹枅는 조한일의 장자이고, 제18세 조명오曹命五는 조계의 아들로 생원生員이며, 제19세 조윤규曹允圭는 조명오의 아들이다. 이렇게 이어진 지손들은 선무랑파로서 각지에 산거散居하였다.

한편 제11세 조균은 조백량·조중량曹仲良·조계량曹季良을 아들로 두었는데, 그중 셋째 아들인 조계량의 아들이 조흔曹訢이다. 제13세 조흔은 사마시司馬試에 장원으로 급제했으나, 이름이 임금과 똑같았기 때문에 방榜에서 빠졌다. 그리고 임진왜란 때에 창의倡義했다. 제14세 조준남曹俊南은 선조 대에 천문학교수天文學敎授를 역임했고, 학행學行으로 어사御使에 추천되었으나 나아가지 않았다. 제15세 조경曹璟은 조한익曹漢翼·조한명曹漢明·조한주曹漢柱·조한장曹漢章·조한우曹漢遇·조한석曹漢錫을 아들로 두었다. 제16세 조한익曹漢翼은 조경의 장자로 봉사奉事를 지냈고, 제17세 조계인曹啓麟은 조한익의 장자로 품계가 통덕랑이었다. 이후로 조계인의 장자인 제18세 조응규曹應奎, 제19세 조창기曹昌基, 제20세 조일천曹鎰千, 제21세 조덕연曹德淵, 제22세 조영국曹榮國, 제23세 조성환曹成煥, 제24세 조중억曹重億으로 이어지면서, 그 지손들이 봉계鳳溪에 모여 살았다.

또 제16세 조한명은 조경의 둘째 아들로 찰방에 제수되었고, 제17세 조계서曹啓瑞는 조한명의 아들로 품계가 통덕랑이었다. 제18세 조응방曹應邦은 조계서의 아들로, 순조 대에 효행으로 정려가 내려졌다. 그래서 봉계鳳溪마을 앞에 조응방의 정려각이 세워져 있다.

(3) 조심-장자 조승중-2자 조척-장자 조세우

또한 제8세 조승중은 조보·조척曹倜을 아들로 두었는데, 그

중 제9세 조척이 조승중의 둘째 아들로 군수郡守를 지냈다. 제10세 조세우曺世虞는 조척의 장자로, 생원에 합격하여 참봉參奉을 지냈다. 조세우의 장자인 제11세 조윤선曺胤先은 음직으로 장단부사長湍府使를 지냈다. 조세우의 둘째 아들인 조천민曺天民은 자신의 아들 조함曺涵·가노家奴 기산起山과 더불어 열효충烈孝忠의 삼절三節을 이루었다. 조천민이 임진왜란 때 왜적에 항거하다가 죽자, 조함이 그 앞을 가로막다 함께 죽었고, 가노 기산도 따라 죽은 것이다. 그래서 이들에게 정려가 내려졌다.

제12세 조윤曺潤은 생원生員이었고, 제13세 조광창曺光昌은 품계가 통덕랑이었다. 제14세 조득曺得은 군자감정에 증직되었고, 제15세 조일용曺逸容은 공조 참의에 증직되었다. 이로부터 제16세 조마승曺磨承, 제17세 조재태曺載泰·조수태曺壽泰, 제18세 조명대曺命大·조명한曺命漢, 제19세 조윤경曺允景, 제20세 조성진曺成振·조흥진曺興振으로 계보가 이어진다. 그런데 장자인 조성진에게 후사가 없어서, 조흥진의 아들인 조석중曺錫中이 계보를 잇는다. 이로부터 제22세 조관승曺寬承, 제23세 조병한曺秉漢, 제24세 조문환曺文煥·조무환曺武煥, 제25세 조규철曺圭哲·조규익曺圭翊·조규원曺圭元·조출曺出로 이어진다.

(4) 조심-장자 조승중-2자 조척-2자 조옥견

한편 제8세 조승중曺承重, 조승중의 둘째 아들인 제9세 조척曺倜, 조척의 둘째 아들인 제10세 조옥견曺玉堅, 제11세 조경신曺

敬申, 제12세 조응량曺應良, 제13세 조득지曺得智, 제14세 조환심曺煥心, 제15세 조선산曺宣山, 제16세 조봉曺鳳, 제17세 조덕중曺德中, 제18세 조상일曺尙日, 제19세 조중악曺重岳, 제20세 조원손曺元孫, 제21세 조석범曺錫範, 제22세 조응렴曺應濂, 제23세 조상권曺相權, 제24세 조한묵曺漢默, 제25세 조준강曺埈綱으로 이어지는 지손들은 김천 각지에 산거하고 있다.

(5) 조심-2자 조계문-조위-조사우

조심曺深의 둘째 아들인 제8세 조계문曺繼門은 성종 대에 울진 현령蔚珍縣令을 지냈다. 제9세 조위曺偉는 문과에 급제하여 호조 참판戶曹參判에 올랐고, 문재가 뛰어나 성종의 총애를 얻었으며, 사가독서賜暇讀書를 거쳐『두시언해杜詩諺解』를 주재했다. 그러다 무오사화戊午士禍로 유배되었고, 갑자사화에 부관참시되었다. 시호가 문장文莊이다. 제10세 조사우曺士虞는 전설 별제典設別提를 지냈고, 제11세 조윤희曺胤禧는 선조 대에 영월 군수寧越郡守 등을 지냈다. 조윤희의 둘째 아들인 제12세 조익曺瀷은 교관敎官에 제수되었으나 나아가지 않아서 숭정처사崇禎處士로 불렸다. 제13세 조효창曺孝昌은 문과에 장원 급제하여 숙종 대에 좌랑佐郎과 춘추관 기사春秋館記事를 지냈고, 제14세 조건曺建은 생원生員에 급제하여 참봉參奉을 지냈다.

이후로 제15세 조세빈曺世彬, 제16세 조집曺 , 조집의 셋째 아들인 제17세 조문영曺文榮, 제18세 조현명曺顯明, 제19세 조인규曺

仁奎를 거쳐서, 제20세 조진억曺鎭億으로 이어진다. 조진억은 헌종대에 진사에 급제했고, 관직이 군수를 거쳐 동지돈령부사同知敦寧府事에 이르렀다. 제21세 조윤영曺胤永은 진사에 급제했다. 이후로 제22세 조상원曺相元을 거쳐, 진사였던 제23세 조병덕曺秉德(초명 조은묵曺殷黙)으로 이어지는 지손들이 봉계鳳溪에 세거하고 있다.

(6) 조위, 그리고 조익-조효창-2자 조우

제13세 조효창曺孝昌은 조위의 4대손이자, 조익의 아들이다. 조효창의 둘째 아들인 제14세 조우曺遇는 생원生員이었다. 이후로 제15세 조세맹曺世孟, 제16세 조보曺寶, 제17세 조문하曺文夏를 거쳐, 제18세 조희명曺羲明으로 이어진다. 조희명은 이조 참의吏曹參議를 지냈고, 효행으로 정려가 내려졌다. 조희명의 아들인 제19세 조윤규曺允奎, 조윤규의 장자인 제20세 조진정曺鎭鼎도 모두 이조 참의에 증직되었으며, 효행으로 정려가 내려졌다. 조윤규의 둘째 아들인 조진형曺鎭衡은 품계가 통덕랑通德郎이다.

조진정의 장자인 제21세 조인영曺麟永은 도정都正을 지냈고, 효행으로 정려가 내려졌다. 조진형의 아들인 제21세 조봉영曺鳳永은 품계가 통정通政이었고, 효행으로 정려가 내려졌다. 조인영의 장자인 제22세 조상철曺相哲은 이조 참의에 증직되었는데, 그의 부인인 숙부인淑夫人 파평윤씨坡平尹氏에게 효부 정려가 내려졌다. 조인영의 둘째 아들인 조태승曺台承은 감역監役을 지냈는데, 그의 부인인 청주한씨淸州韓氏에게도 효부 정려가 내려졌다. 또 조상철의 며

느리이자, 제23세 조정묵曺挺默의 부인인 제주고씨濟州高氏에게도 효부 정려가 내려졌으니, 6대에 걸쳐 8정려旌閭가 내려진 것이다.

(7) 조위, 그리고 조익-2자 조제창-조유-장자 조세호

제13세 조제창曺悌昌은 조위의 4대손이자, 조익曺瀷의 둘째 아들이다. 제14세 조유曺逾는 조제창의 장자로, 학덕이 높았다. 그래서 숙종 대에 지평持平으로 특별히 증직되었고[特贈], 아울러 이조 판서吏曹判書에 추증되었으며, 정조 대에 경렴서원景濂書院에 추향追享되었다.

제15세 조세호曺世虎는 조유의 장자로, 진사에 합격하여 지중추부사知中樞府事에 올랐다. 제16세 조목曺霂은 품계가 통덕랑通德郞에 올랐다. 이후로 제17세 조명문曺命文, 제18세 조환명曺煥明, 제19세 조관규曺觀奎, 제20세 조진종曺鎭宗, 제21세 조우영曺雨永, 제22세 조상완曺相琓으로 이어지는 지손들이 봉계鳳溪에 살고 있다.

(8) 조위, 그리고 조익-2자 조제창-조유-2자 조세룡·3자 조세봉

조유의 둘째 아들인 제15세 조세룡曺世龍은 학행과 효행으로 지평持平에 증직되었다. 그리고 조유의 셋째 아들인 제15세 조세봉曺世鳳은 품계가 통덕랑通德郞이었으며, 조세봉의 아들인 제16세 조협曺霙도 품계가 통덕랑이었다. 제17세 조문식曺文栻은 문장과 덕행이 탁월하여 『신증동국여지승람』에 등재되었으며, 호조 참판에 증직되었다. 제18세 조국명曺國明은 생원으로 동지중추부사同知中樞府事를 지냈으며, 제19세 조원규曺元奎는 품계가 통덕랑이었다. 이로부터 제20세 조대종曺大鍾, 제21세 조봉대부 동몽교관 조우영曺祐永, 제22세 조한승曺翰承, 제23세 진사 조병태曺秉台(초명 조윤묵曺允黙)로 이어지는 지손들이 봉산면 예지리 입석에 살고 있다.

(9) 조위, 그리고 조익-2자 조제창-조유-4자 조세붕

또한 조유의 넷째 아들인 제15세 조세붕曺世鵬은 생원으로 시직侍直을 지냈다. 제16세 조임曺霖은 현감, 제17세 조문검曺文檢은 김포 군수金浦郡守를 지냈다. 조문검의 장자인 제18세 조기명曺耆明은 품계가 통덕랑이었고, 조문검의 둘째 아들인 조시명曺蓍明은 생원에 급제했다. 이후로 조기명의 장자인 제19세 조헌규曺憲奎, 제20세 조진국曺鎭國, 제21세 조석영曺錫永, 제22세 조익승曺翼承으로 이어지며 각지에 산거하고 있다.

특히 조세호曺世虎·조세룡曺世龍·조세봉曺世鳳·조세붕曺世鵬 4형제는 '봉산면鳳山面 봉계鳳溪 창녕조씨昌寧曺氏 사효사학행四孝四學行'으로 불렸다.

(10) 조위, 그리고 조익-2자 조제창-2자 조술

조제창의 둘째 아들인 제14세 조술曺述은 학행으로 이름났

고, 1718년에 『매계집梅溪集』을 발간하는 데에 주도적인 역할을 하였다. 이후로 조술의 셋째 아들인 제15세 조세부曺世溥, 제16세 조현曺霔, 제17세 조문매曺文梅, 제18세 조재명曺在明, 제19세 조섬규曺暹奎, 제20세 조진만曺鎭晩, 제21세 조운영曺運永으로 이어지는 지손들이 각지에 산거하고 있다.

(11) 조위, 그리고 조세호-3자 조확, 조경환·조광환

조세호의 셋째 아들인 제16세 조확曺霩은 품계가 통덕랑通德郎이었다. 제17세는 조문욱曺文栯·조문익曺文榏·조문격曺文格으로, 세 명 모두 조확의 아들이다. 제18세 조언명曺彦明은 조문욱의 아들로 이조 참의吏曹參議를 지냈으며, 제19세 조예규曺禮奎는 조언명의 아들로 이조 참판吏曹參判을 지냈으며, 조예규의 장자인 제20세 조진구曺鎭九는 진사로 동지돈령부사同知敦寧府事를 지냈다. 조예규의 둘째 아들인 조진만曺鎭萬은 생원으로 규장각 제학奎章閣提學을 지냈고, 조예규의 셋째 아들인 조진백曺鎭百은 생원으로 형조 정랑刑曹正郎을 지냈다.

조진구의 아들인 제21세 조시영曺始永은 문과에 급제하여 관직이 관찰사觀察使에 이르렀고, 조진만의 아들인 제21세 조익영曺益永은 진사로 통정 의관通政議官을 지냈다. 조진백의 장자인 조석영曺奭永은 진사에 합격했고, 울산 부사蔚山府使를 거쳐 품계가 통정通政에 올랐다. 조진백의 둘째 아들인 조호영曺鎬永은 진사로 품계가 통정通政이었다.

조시영의 장자인 제22세 조희승曺禧承(초명 조상섭曺相燮)은 품계가 통정通政이었고, 조시영의 둘째 아들인 조의승曺義承(초명 조상호曺相浩)은 진사로 품계가 통정通政이었으며, 조시영의 셋째 아들인 조경승曺璟承은 경학원 사성經學院司成을 지냈고, 조시영의 넷째 아들인 조태승曺兌承은 품계가 통덕랑通德郞이었다. 조익영의 아들인 제22세 조운승曺雲承은 생원으로 통정 의관通政議官을 지냈고, 조석영의 둘째 아들인 제22세 조유승曺有承은 통정 의관通政議官을 지냈다.

조경승의 넷째 아들인 제23세 조병구曺秉球는 동맹통신사同盟通信社의 만주신경滿洲新京(장춘長春) 지국장을 지냈고, 항일 독립투사로서 여러 차례 옥고를 치렀다. 조태승의 둘째 아들인 조병완曺秉完은 국회사무처 사무차장을 역임했다.

한편 조언명의 둘째 아들인 제19세 조한규曺翰奎로부터, 제20세 조진호曺鎭昊, 제21세 조학영曺學永, 제22세 조우승曺祐承(초명 조상수曺相洙), 제23세 조병휘曺秉徽(초명 조용묵曺容默)로 지손들이 이어진다. 조학영은 생원으로 영릉 참봉永陵參奉을 지냈고, 조병휘는 조위曺偉의 신도비神道碑를 세웠다. 조병휘의 장자인 제24세 조경환曺景煥은 고려성高麗星이라는 예명의 가요 작사가로 활약했으며, 조병휘의 넷째 아들인 조광환曺曠煥은 나화랑羅花郞이라는 예명의 가요 작곡가로 이름이 났다. 그 지손들이 봉계에 살고 있다.

(12) 조심-조계문-4자 조신

조계문曺繼門의 둘째 아들인 제9세 조윤曺倫은 호군護軍을 지냈다. 조계문의 셋째 아들인 조전曺佺은 효력부위効力副尉로서 문장에 뛰어났다.

조계문의 넷째 아들인 조신曺伸은 문학과 도학에 탁월하였으나, 서얼이라는 신분적 제약으로 인해 과거에 응시하지 못하여 사알司謁 등에 머물렀다. 그러다가 성종의 어전시제御前試製를 거쳐, 서장관書狀官으로 발탁되어 중국과 일본에서 10차례에 걸쳐 사신使臣의 업무를 수행하였다. 아울러 특별히 내시교관內侍敎官이 되었고, 내의원정內醫院正과 사역원정司譯院正에 올랐으며, 공조판서工曹判書에 증직되었다. 시호가 효강孝康이다.

한편 조위曺偉·조전曺佺·조신曺伸 3형제는 '조문삼문장曺門三文章'으로 불렸다.

(13) 조위-조사우-2자 조윤신

조위의 아들인 제10세 조사우曺士虞는 별제別提를 지냈다. 제11세 조윤신曺胤申은 조사우의 둘째 아들로 고성 군수를 지냈고, 제12세 조흡曺潝은 조윤신의 둘째 아들로 현령을 지냈다. 제13세 조이장曺以樟은 인천 강화도 입향조로, 품계가 통덕랑이었다. 제14세 조한걸曺漢傑은 이조 참의吏曹參議를, 제15세 조성의曺聖義는 교관敎官을 지냈다. 조성의의 장자인 제16세 조진택曺震澤은 이조 참의를 지냈으며, 그에게 정려가 내려졌다. 제17세 조하상曺夏尚

에게도 정려가 내려졌다. 제18세 조근명曺謹明은 무과에 급제하였다. 제19세는 조응규曺應奎이다. 제20세 조진관曺鎭觀은 가선嘉善을 지냈으며, 조진관의 장자인 제21세 조하영曺河永은 무과에 급제하였다. 이후 제22세 조헌승曺瓛承, 제23세 조병모曺秉模, 제24세 조태환曺泰煥으로 계보가 이어진다.

한편 제21세 조낙영曺洛永은 제20세 조진관의 둘째 아들이다. 이로부터 제22세 조상인曺相璘, 제23세 조병창曺秉昌으로 이어진다. 조병창의 둘째 아들인 조봉암曺奉岩은 대한민국 초대 농림부장관과 제2대 국회부의장을 지냈다.

또 제15세 조성의의 둘째 아들인 제16세 조운택曺雲澤에게 정려가 내려졌고, 제17세 조하대曺夏大에게도 정려가 내려졌다. 제18세 조윤명曺胤明은 장악원정掌樂院正을 지냈다. 이로부터 제19세 조창규曺昌奎, 제20세 조진명曺鎭明, 제21세 조귀영曺貴永, 제22세 조상술曺相述, 제23세 조병성曺秉性으로 이어지는 지손들이 인천 강화도에서 세거하고 있다.

(14) 조위-조사우-3자 조윤지-장자 조호

제11세 조윤지曺胤祉는 조위의 손자이자 제10세 조사우의 셋째 아들로, 양구 현감을 지냈다. 조윤지의 장자인 제12세 조호曺浩는 무과로 군수를 지냈고, 제13세 조이량曺以樑은 병절교위秉節校尉를, 제14세 조적曺迪은 부호군副護軍을 지냈다. 이후로 제15세 조세하曺世夏, 제16세 조영曺霙, 제17세 조문재曺文栽, 제18세 조철

명曺哲明, 제19세 조형규曺亨奎, 제20세 조진수曺鎭壽, 제21세 조인영曺麟永, 제22세 조원승曺元承, 제23세 조병민曺秉民으로 이어지는 지손들이 각지에 흩어져 살고 있다.

(15) 조위-조사우-3자 조윤지-2자 조연

제12세 조연曺淵은 조위의 후손이자, 제11세 조윤지曺胤祉의 둘째 아들이다. 임진왜란 때 신립申砬의 휘하에서 의병으로 출정하여 병조 참판兵曹參判에 증직되었다. 제13세 조응상曺應祥은 돈령부 도정敦寧府都正, 제14세 조경성曺慶誠은 예조 참의禮曹參議, 제15세 조선립曺善立은 호조 참의戶曹參議, 제16세 조한웅曺漢雄은 좌승지左承旨를 지냈다. 제17세는 조영재曺榮載, 제18세는 조득일曺得日이다. 제19세 조의빈曺儀彬은 가선嘉善을 지냈다. 이후로 제20세 조맹문曺孟文, 제21세 조석구曺錫求, 제22세 조학승曺鶴承, 제23세 조병오曺秉五로 이어지는 지손들이 경남 거제시 사등면에서 세거하고 있다.

이처럼 창녕조문은 고려 말에 봉산면鳳山面 봉계鳳溪로 입향한 이래 훌륭한 인물을 배출함으로써, 향내 5대 반문五大班門으로 꼽히고 있다. 그리고 그 후손들도 조신하고 삼가는 행실과 태도로 종가로서의 풍모를 유지하고 있다. 현재 시조 이후 제1세 조응신으로부터 44대요, 중시조 조겸으로부터 40대요, 찬성공파가 갱기한 선조로 꼽는 조송무로부터 25대요, 매계 조위로부터 17

대손인 조형만(족보명 조상현)이 김천 창녕조문 찬성공파의 종손으로서 문중 어른들과 같이 종가를 보위하고 있다. 종손의 가계를 정리하면 다음과 같다.

시조	조계룡曺繼龍	신라 부마駙馬 태사공太師公 / 창성부원군
1세	조응신曺應神	
2세	조수형曺壽亨	
3세	조돈曺敦	
4세	조흠曺欽	신라 아간시중阿干侍中
5세	조겸曺謙	고려 대악서승大樂署丞 / 중시조
6세	조서曺瑞	고려 형부 원외랑刑部員外郎
7세	조연우曺延祐	고려 문하시랑평장사門下侍郎平章事
8세	조한지曺漢知	고려 문하시랑평장사
9세	조지현曺之賢	고려 문하시랑평장사
10세	조사전曺思詮	고려 문하시랑평장사
11세	조정린曺正鱗	고려 문하시랑평장사
12세	조중룡曺仲龍	고려 문하시랑평장사
13세	조의문曺義文	고려 문하시랑평장사
14세	조자기曺自奇	고려 문하시랑평장사
15세	조윤공曺允恭	
16세	조석曺碩	
17세	조의曺誼	
18세	조연문曺挻文	
19세	조우曺瑀	
20세	조송무曺松茂	고려 소감少監 / 갱기1세更起一世
21세	조준曺俊	고려 소감

22세	조인취曹仁取	고려 소감
23세	조원계曹元桂	고려 중문 지후中門祗候 / 추봉 찬성사贊成事
24세	조우희曹遇禧	고려 판전의시사判典儀寺事 / 증 좌시중左侍中 / 창성부원군昌城府院君
25세	조경수曹敬修	고려 밀직부사密直副使 / 조선 단성좌명공신端誠佐命功臣 증 좌찬성左贊成 / 찬성공파 파조
26세	조심曹深	고려 산원 / 조선 증 병조 참의 / 김천 입향조
27세	조계문曹繼門	조선 울진 현령 / 증 이조 참판
28세	조위曹偉	조선 호조 참판 / 증 이조 판서 / 시호 문장공文莊公, 호 매계梅溪
29세	조사우曹士虞	조선 별제別提
30세	조윤희曹胤禧	조선 영월 군수, 예빈시정
31세	조익曹瀷	조선 증 이조 참의
32세	조효창曹孝昌	조선 공조 좌랑
33세	조건曹建	조선 참봉
34세	조세빈曹世彬	
35세	조집曹橐	
36세	조문영曹文榮	조선 증 사복시정
37세	조현명曹顯明	조선 증 이조 참의
38세	조인규曹仁奎	조선 증 이조 참판
39세	조진억曹鎭億	조선 동지돈령부사
40세	조윤영曹胤永	조선 진사
41세	조상원曹相元	
42세	조병덕曹秉德(초명 조은묵曹殷黙)	조선 진사
43세	조창환曹昌煥	
44세	조규탁曹圭卓	
45세	조형만曹亨滿(족보명 조상현曹常鉉)	

제2장

사람

-세현과 문헌

사람 - 서현과 문헌

1 종가의 세현들

한낮에 사립문을 사람 불러 열고는　　柴扉日午喚人開
숲속 언덕으로 걸어서 이끼 낀 바위에 앉노라.　　步出林丘坐石苔
이 사이 그윽하여 일이 적다 말하지 말지니　　莫道此間幽事少
잔잔하게 흐르는 계곡물로 꽃이 떠 오누나.　　潺湲流水泛花來

- 「초당에서[草堂卽事]」, 『매계선생문집』 권1

창녕조문이 김천 봉산면 봉계로 입향한 뒤로, 그 후손이 현재 20대까지 이르며 종가를 유지해 오고 있다. 입향을 전후로 하여 창녕조문은 많은 세현을 낳았던바, 이제 찬찬히 그들에 대하여 소개하도록 한다. 앞서 세계를 검토하면서 세현들을 열거하긴 하였지만 대략적으로 계보를 밝히는 데에만 집중했었다. 여기서는 김천 봉산면 봉계 입향조인 조심과의 관계를 중심에 놓고 거론하도록 하되, 먼저 입향조의 증조부부터 논의하도록 한다.

조원계曺元桂

조심의 증조부로, 고려 대에 중문 지후中門祗候를 지냈고 찬성사贊成事로 증직되었다. 묘소가 창녕군 대지면 본초리 산24-1에 있으며, 창녕조문 선대들의 묘 가운데 실전되지 않고 지켜 온 묘이자, 남한에서 가장 오래된 묘이다. 현재까지 김천 입향조의 후손들이 제향을 올리고 묘소를 관리하고 있다.

조우희曺遇禧

조심의 조부로, 정순대부正順大夫 판전의시사判典儀寺事를 지냈고 창성부원군昌城府院君에 봉해졌으며 좌시중으로 증직되었다. 묘소가 창녕군 남지읍 성사리에 있는데 1983년 8월 3일에 경상남도 기념물 제60호로 지정되었다. 현재까지 김천 입향조의 후손들이 제향을 올리고 묘소를 관리하고 있다.

조민수曺敏修

조심의 부친인 조경수의 맏형으로, 고려 공민왕조에 순주 부사로서 홍건적의 침입을 물리쳐 2등 공신에 올랐다. 우왕 초에 경상도 도순문사로서 왜구를 격퇴했고, 문하부 지사·서북면 도체찰사를 지냈으며, 1383년(우왕 9)에 문하시중을 거쳐 창성부원군에 봉해졌다. 1388년(우왕 14)에 요동 정벌군의 좌군 도통사로 출정한 뒤, 위화도에서 이성계와 회군하여 우왕을 폐하고 창왕을 옹립하는 데 공을 세웠다. 양광·전라·경상·서해·교주의 도통사를 지냈다. 1962년에 창녕군 대합면 신당리 뒷산에서 조민수의 묘소를 찾았다.

조익수曺益修

조심의 부친인 좌찬성 조경수曺敬修의 둘째 형이다. 고려 공민왕조에 무과에 급제하여 자헌대부資憲大夫 경상도 병마도절제사 겸 초토안무사慶尚道兵馬都節制使兼招討按撫使에 이르렀다. 묘소가 창녕군 남지읍 성사리에 있는데, 부친 조우희曺遇禧의 산소 바로 밑이다. 1983년 8월 3일에 두 묘소가 함께 경상남도 기념물 제60호로 지정되었다.

조경수曺敬修

조심의 부친이다. 단성좌명공신端誠佐命功臣으로 밀직부사密直副使와 상호군上護軍 등을 지냈고, 서성군瑞誠君에 봉해졌으며 좌찬성左贊成에 추봉되었다. 묘소가 배위配位인 군부인郡夫人 평산김씨平山金氏와 함께 경기도 파주시 진동면 서곡리 산66 구봉산 신좌辛坐 선영에 있다. 조경수의 맏형인 조민수曺敏修의 묘소는 창녕군 대합면 신당리 산73-1에 있다. 둘째 형인 경상도 병마도절제사兵馬都節制使 조익수曺益修와 부친인 창성부원군 조우희曺遇禧의 묘소는 경상남도 기념물 제60호로 함께 지정되었으며, 창녕군 남지읍 성사리 산172-1에 있다.

조심曺深, 조혼曺渾, 조항曺沆

조심曺深은 고려 말에 김천 봉산면 봉계로 이거移居한 입향조로, 산원散員을 지냈고 병조 참의兵曹參議로 증직되었다. 조심의 맏형 조혼曺渾은 문무를 겸비하여 대호군大護軍과 예조 참판禮曹參判을 지냈다. 둘째 형 조항曺沆도 군수로 재직했을 시에 선치善治로 이름이 높아서, 세종이 그를 지형조사知刑曹事로 발탁하였다. 그는 지병조사知兵曹事를 거쳐 전라 감사를 지냈고 순충적덕보조공신純忠積德補助功臣에 녹훈되었으며 영의정領議政에 증직되었다. 영의정을 지낸 충간공忠簡公 조석문曺錫文이 조항의 아들이다.

조효문曺孝門

조심의 맏형 조혼의 아들로서, 1444년(세종 26)에 문과에 급제하여 중추원사中樞院使, 대사헌, 평안도 관찰사, 예조 참판, 악학도감 제조樂學都監提調를 겸하였다. 좌익공신佐翼功臣에 녹훈되고 창성군昌城君에 봉해졌다. 시호는 성도成度이다.

조위曺偉

조심의 손자이자 조계문의 아들이다. 1454년(단종 2)에 김천 봉산면 봉계(인의리)에서 태어났다. 자는 태허太虛, 호는 매계梅溪,

시호는 문장文莊이다. 그는 매형인 김종직金宗直에게 글을 배웠고 종숙부從叔父 조석문曺錫文에게 『소학小學』을 배웠다. 벼슬이 호조 참판에 이르렀다. 1476년(성종 7)에 장의사藏義寺에서 사가독서賜暇讀書를 했고, 1481년(성종 12)에 홍문관 수찬으로 재직하면서 『두시언해杜詩諺解』를 완성하고 그 서문을 썼다. 1493년(성종 24)에 왕명으로 김종직金宗直의 문집을 찬집했고, 1501년(연산군 7)에 순천 유배지에서 「만분가萬憤歌」와 『매계총화梅溪叢話』를 지었다. 1564년에 순천의 옥천서원玉川書院, 1648년에 김천의 경렴서원景濂書院, 1725년에 충북 황간의 송계서원松溪書院에 배향되었다.

조신曺伸

조심의 손자이자 조계문의 아들이며, 조위曺偉의 동생이다. 자는 숙분叔奮이고, 호는 적암適庵이며, 시호諡號는 효강孝康이다. 조위曺偉·조전曺佺과 함께 '창녕조씨昌寧曺氏 삼문장三文章'으로 불렸다. 내시교관內侍教官·내의원정內醫院正·사역원정司譯院正을 지냈으며 공조 판서工曹判書에 증직되었다. 중국에 7차례, 일본에 3차례나 사행했으며, 중종의 명으로 『이륜행실도二倫行實圖』를 편찬하였다. 저서로는 『적암시고適庵詩稿』·『소문쇄록謏聞鎖錄』 등이 있다. 그는 특히 시에 뛰어났다.

조전曺佺

조심의 손자이며, 울진 현령을 지낸 조계문曺繼門의 아들이다.

자는 자진子眞이고 호는 신곡新谷으로, 벼슬은 효력부위效力副尉를 지냈다. 문장공文莊公 조위曺偉, 효강공孝康公 조신曺伸과 더불어 '창녕조씨 삼문장'으로 높이 칭송되었다.

조척曺倜

조심의 손자이자 선무랑 조승중曺承重의 아들이며, 조위曺偉의 사촌 동생이다. 김천 봉산면 봉계에서 태어났다. 자는 존신存愼이다. 함창·고산·거창·풍기·고양 등 다섯 곳에서 군수를 지냈는데 선치善治로 이름이 높았다. 문학에도 뛰어났다. 만년에는 김천 봉산면 봉계로 돌아와 소요정逍遙亭이란 정자를 지어 사촌 형인 조신曺伸과 시를 읊으며 여생을 보냈다.

조사우曺士虞

조심의 증손자이자 조위의 아들로, 자는 중개仲凱이다. 전함사 별제典艦司別提, 전설사典設司 별제 등을 제수받았다. 그러나 조위를 비롯하여 가문이 무오사화·갑자사화 때 겪은 고통을 마음 아프게 여겨 부임하지 않았다.

조윤희曺胤禧, 조윤신曺胤申, 조윤지曺胤祉

조심의 현손이자 조위曺偉의 손자로, 모두 조사우曺士虞의 아들이다. 맏이 조윤희曺胤禧는 1534년에 태어났으며 자는 덕수德溲, 호는 봉촌鳳邨이다. 홍산 현감·영월 군수 등 네 곳의 군수를 역임하였고 통정대부通政大夫 예빈시정禮賓寺正을 지냈다. 천성이 효성스럽고 형제간의 우애가 지극하였다. 둘째 조윤신曺胤申은 자가 덕소德沼, 호가 장포長浦로 고성 군수를 역임했다. 셋째 조윤지曺胤祉는 1542년에 태어났으며 자는 덕순德淳, 호는 남주南洲이다. 양구 현감을 역임하였고 타고난 자질과 문장이 탁월하였다. 이들은 우애가 지극하여, 퇴임 후에 갈탄변葛灘邊에 삼호정三皓亭이란 정자를 짓고 다 같이 80세가 넘도록 즐겁게 노닐었다. 그래서 세인들이 '갈탄삼로葛灘三老'라고 불렀다.

조익曺瀷

조심의 5대손이자 조위曺偉의 증손자로서, 조윤희曺胤禧의 아들이다. 1595년에 태어났으며 자는 중택仲澤이요 호는 묵재默齋이다. 평소 『소학小學』 공부에 정진했으며 효성이 두터웠다. 병자호란 후 봉계의 매계구거梅溪舊居에서 벼슬을 멀리하고 학문에만 전념하여, 세인들이 그를 '숭정처사崇禎處士'라 추앙하였다. 이조 참의吏曹參議에 증직되었다.

조연曺淵

조심의 5대손이자 조위曺偉의 증손자로서, 조윤지曺胤祉의 아들이다. 1596년에 태어났으며 자는 정숙靜叔이고 호는 죽천竹泉이다. 임진왜란 때 신립申砬의 막료幕僚로서 공적을 많이 세웠으며, 탄금대 전투 이후에 입경하여 근친覲親하려다가, 왜병의 기습을 받은 뒤 어디로 갔는지 알 수 없었다. 그래서 기습을 받았던 5월 10일을 그의 기일로 삼고 있다. 가선대부嘉善大夫 병조 참판兵曹參判에 증직되었으며 거제도 사등沙等의 정충사靖忠祠에 제향되었다.

조효창曺孝昌

조심의 6대손이자 조위曺偉의 현손이며, 조익曺瀷의 아들이다. 1623년에 김천 봉산면 봉계에서 태어났으며, 자는 행원行源이요 호는 계양桂陽이다. 1678년(숙종 4)에 문과에 장원 급제하여, 전적典籍·공조 좌랑工曹佐郎·춘추관 기사관春秋館記事官·예조 좌랑禮曹佐郎 등을 지냈다. 어천도 찰방魚川道察訪에 전보되었다가 부임 도중 세상을 떠났다. 어려서부터 시와 서예·그림·천문지리·음악 등에 뛰어나 '삼절천재三絶天才'로 불렸다.

조흔曺訢

조심의 6대손으로 자는 덕전德全이다. 19세에 사마시司馬試에 급제하였으나 어휘御諱를 범하였다 하여 낙방된 뒤 다시는 과거에 응하지 않았다. 임진왜란 때 진주성 전투에 참전하여 전공을 세우고 장렬히 전사 순국하였다.

조응상曺應祥

조심의 6대손이자 조위曺偉의 현손이요 조연曺淵의 아들이다.

1585년에 태어났으며 자는 성주聖周이고 호는 춘전春田이다. 천성이 어질고 국량이 높았으며 천리天理나 인도人道에 순응하여 재주가 많았다. 벼슬은 음직으로 돈령부 도정敦寧府都正을 지냈으며, 임진왜란 때 남천南遷하여 경상남도 거제도 사등沙等에 정착하여 거제 입향조가 되었다. 거제도 사등의 정충사靖忠祠에 제향되었다.

조건曺建

조심의 7대손으로, 조위의 5대손이자 조효창曺孝昌의 아들이다. 1641년에 김천 봉산면 봉계에서 태어났으며 자는 덕이德而이다. 성균 생원시成均生員試에 급제하여 참봉參奉을 지냈다. 학행이 뛰어나고 행실이 돈독하여 중망이 있었다. 조효창의 유지를 따라 동생 조우曺遇와 함께 1693년(숙종 19)에 창녕조씨昌寧曺氏 대동보大同譜인 『계유보癸酉譜』를 편찬하였다.

조유曺逾

조심의 7대손으로, 이조 판서吏曹判書에 증직되었다. 김천의 경렴서원景濂書院에 배향되었으며, 저서로 『우졸당집愚拙堂集』이 있다.

조세호曺世虎, 조세룡曺世龍, 조세봉曺世鳳, 조세붕曺世鵬

조심의 8대손이자 조위曺偉의 6대손으로, 우졸당愚拙堂 조유曺逾의 아들들이다. 첫째 조세호는 1674년에 김천 봉산면 봉계에서 태어났고, 자가 병여炳汝요, 호가 체췌당棣萃堂이다. 학문과 덕행이 높았고 자헌대부資憲大夫 지중추부사知中樞府事를 지냈다. 둘째 조세룡曺世龍은 1676년에 김천 봉산면 봉계에서 태어났고, 자가 태여泰汝요, 호가 인재訒齋이다. 일찍이 권상하權尙夏 문하에서 배워 성리학에 밝았고 학행이 높았으며 사헌부 지평持平에 증직되었다. 셋째 조세봉曺世鳳은 1680년에 김천 봉산면 봉계에서 태어났고, 자가 명보鳴甫요, 호가 삼석재三惜齋이다. 학문이 높고 형제간에 우애가 지극하였다. 통덕랑通德郎을 지냈고 통훈대부 사복시정司僕寺正에 증직되었다. 넷째 조세붕曺世鵬은 1691년에 김천 봉산면 봉계에서 태어났고, 자가 운거雲擧요, 호가 경지재敬知齋이다. 권상하權尙夏의 문하에서 성리학을 공부했다. 성균 생원시에 합격했고 1725년(영조 원년)에 문과에 급제했다. 세자익위사 시직世子翊衛司侍直에 제수되었고 윤봉구尹鳳九·정존겸鄭存謙 등과 친교가 있었다.

네 형제가 우애 있게 같이 살았기에 사람들이 그 마을을 '조효자동曺孝子洞'이라 불렀고, 이들을 '창녕조씨 사효 사학행昌寧曺氏四孝四學行'으로 칭송했다.

조순曺珣

조심의 8대손이며 조준남曺俊南의 둘째 아들이다. 자는 윤경潤卿으로, 1615년 김천 봉산면 봉계에서 태어났다. 승정원 좌승지 겸 경연참찬관承政院左承旨兼經筵參贊官에 증직되었다. 아들 넷을 두었는데, 첫째는 조한규曺漢規, 둘째는 조한구曺漢矩, 셋째는 판서공判書公 조한흥曺漢興, 넷째는 참판공 조한신曺漢藎이다. 조순은 봉계 상리(직동) 입향조로서 1693년에 세상을 떠났다. 묘소는 김천 봉산면 인의2리(새터) 선영에 있다.

조한경曹漢明

조심의 9대손으로, 조준남의 손자요 조경曹璟의 아들이다. 자는 군현君顯으로 1643년에 태어났다. 숙종 조에 송시열宋時烈과 김수항金壽恒의 천거로 찰방察訪을 제수받았다. 조석문曹錫文의 사손이 끊어지자, 조위의 현손인 조효창曹孝昌의 아들 조정曹珽을 향사享祀 적장손適長孫으로 삼도록 주청하였고 윤허를 받아 승계하도록 하였다. 조한명의 아들은 통덕랑通德郎 조계서曹啓瑞이고 손자는 조응방曹應邦이다.

조한우曹漢遇

조심의 9대손이자 둔암공遁岩公 조준남曹俊南의 손자이며 조경曹璟의 아들이다. 자는 군익君翊으로, 1652년에 태어나 1716년에 세상을 떠났다. 벼슬은 신천 군수信川郡守를 지냈다. 그의 후손들이 추풍령 황간 소계리 등에 거주하고 있으며 묘소는 김천 봉산면 신암리 가성산 선영에 있다.

조한흥曹漢興

조심의 9대손으로, 조준남曹俊南의 손자요 조순曹珣의 아들이다. 자는 백창伯昌이고, 호조 판서戶曹判書에 증직되었다. 아들 둘을 두었는데, 첫째는 조계형曺啓亨, 둘째는 조계수曺啓修이다. 조응우曺應友가 그의 손자이다. 조한흥은 구미로 가서 입향조가 되었으나, 묘소는 경북 김천 봉산면 인의2리(새터) 선영에 있다.

조한신曺漢藎

조심의 9대손으로, 조준남의 손자이며 조순의 넷째 아들이다. 자는 군일君逸이요 호는 일농逸儂이다. 가선대부 행 장사랑嘉善大夫行將仕郎 오위도총부 부총관五衛都摠府副摠管을 지냈고 호조 참판戶曹參判에 증직되었다. 묘소는 김천 봉산면 인의2리(새터) 선영에 있다.

조임曺霖

조심의 10대손이자 조위의 8대손으로, 자는 상보商輔요 호는 신재新齋이다. 박학다식하고 행실이 돈독하며 명리를 추구하지 않은 채 지조를 지키니 사림에서 높이 받들었다. 성리학에 정심하고 벼슬을 멀리하여 당시 '산림숙덕지사山林宿德之士'로 불렸다. 1784년(정조 8)에 감역監役·경연관經筵官·세자시강원자의世子侍講院諮議·별제別提·장령掌令·형조 참의刑曹參議 등에 천거되었지만 나아가지 않았다. 정조가 고려지명顧廬之命을 내리기도 하였고, 예관禮官을 보내 여덟 차례나 국사國事를 구의救議하였다. 창녕조씨昌寧曺氏 제2차 대동보大同譜인 『정해대동보丁亥大同譜』를 편찬하였다. 저서로는 『의례집성疑禮集成』·『신재문집新齋文集』이 있다.

조문식曺文栻

조심의 10대손이자 조위의 8대손으로, 통덕랑 증 통정대부 승정원 좌승지 조협曺霙의 아들이다. 1734년에 김천 봉산면 봉계에서 태어났으며, 자는 경지敬之이고 호는 파간巴磵이다. 학문이 깊고 성리학을 탐구하여 유림의 존경을 받았다. 가선대부嘉善大夫 호조 참판 겸 의금부사戶曹參判兼義禁府事와 오위도총부 부총관五衛都摠府副摠管에 증직되었다.

조문권曺文權

조심의 10대손이자 통덕랑 조운曺澐의 아들이다. 1741년에 김천 봉산면 봉계에서 태어났으며 자는 중보仲甫이다. 1774년에 문과에 급제하여 승문원承文院 정자正字를 지냈다.

조응방曺應邦

조심의 11대손으로, 조준남의 현손이자 조계서의 아들이다. 1695년에 김천 봉산면 봉계에서 태어났다. 자는 제겸濟兼이다. 부모에 대한 효성이 지극하였는데, 그의 부인인 창녕성씨도 효성이 지극하여, '그 남편에 그 아내'라는 칭송을 들었다. 부친이 돌아가시자 삼 년간 시묘하니, 유림에서 상소하여 1812년(순조 12)에 그에게 정려旌閭가 내려졌다. 그래서 마을 앞에 정려비를 세우고 비각을 세웠다.

조응방 정려비각

조국명曺國明

조심의 11대손이자 조위의 9대손으로, 조문식曺文栻의 아들이다. 1770년 김천 봉산면 봉계에서 태어났다. 자는 관여觀汝이고 호는 보만재保晩齋로서, 1789년(정조 13) 사마시司馬試에 급제하고 가선대부嘉善大夫 동지중추부사同知中樞府事를 지냈다. 학행이 높았으며 91세까지 장수하여 '선학옹仙鶴翁'으로 불렸다.

조희명曺羲明

조심의 11대손이자 조위의 9대손이며 구봉九峰 조우曺遇의 현손이다. 1780년에 태어났으며 자는 군석君奭이다. 타고난 품성이 효성스러웠는데, 특히 효행으로 이조 참의吏曹參議에 증직되고 정려旌閭가 내려졌다. 그의 아들은 조윤규曺允奎, 손자는 조진정曺鎭鼎, 증손자는 조인영曺麟永, 현손은 조상철曺相哲, 5세손은 조정묵曺挺黙으로 이어지는데, 직계 6대에 걸쳐서 여덟 개의 정려가 세워진 효문가孝門家이다.

조원규曺元奎

조심의 12대손이자 조위의 10대손이며 조국명曺國明의 아들이다. 자는 선오善五요 호는 칠송七松이다. 청렴한 선비로 알려졌고 문학과 명필名筆로 이름이 높았으며 통덕랑通德郎을 지냈다.

조예규曺禮奎

조심의 12대손이자 조위의 10대손이며 증 이조 참의贈吏曹參議 조언명曺彦明의 아들이다. 1792년에 김천 봉산면 봉계에서 태어났으며 정조 조에 생원에 급제했다. 기품이 준엄하고 학행이 뛰어나 사림의 추앙을 받았으며 만권시서萬卷詩書를 갖춘 채 후학을 가르쳤다. 뒷날 이조 참판吏曹參判에 증직되었다.

조진구曺鎭九

조심의 13대손이자 조위의 11대손으로, 조예규의 아들이요 관찰사 조시영曺始永의 아버지이다. 1810년에 김천 봉산면 봉계에서 태어났으며 자는 희서義瑞요 호는 봉릉鳳陵이다. 1843년(헌종 9)에 성균관 진사시에 급제하여 참봉參奉, 상의원 주부尙衣院主簿를 거쳐 가선대부嘉善大夫 동지돈령부사同知敦寧府事에 올랐다. 학행으로 세상에 알려져 유림의 추중을 받았다. 세상을 떠났을 때 고종이 예관을 보내 치제하도록 하였다.

조진억曺鎭億

조심의 13대손이자 조위의 11대손으로, 증 이조 참판吏曹參判 조인규曺仁奎의 아들이다. 김천 봉산면 봉계에서 태어났으며 자는 봉서鳳瑞요, 호는 난포蘭圃이다. 성균관 진사시에 급제했고, 1805년(순조 5)에 영릉 참봉英陵參奉을 거쳐 함창 군수, 온양 군수를 역임했다. 선치善治로 인하여 두 곳에서 모두 송덕비를 세웠다. 이후 가선대부嘉善大夫 동지돈령부사同知敦寧府事까지 지냈다.

조진만曺鎭萬

조심의 13대손이자 조위의 11대손으로, 조예규의 아들이다. 1823년에 김천 봉산면 봉계에서 태어났으며, 자는 창서昌瑞이고 호는 봉고鳳皐이다. 성균관 진사시에 급제하여 참봉參奉을 거쳐 가선 규장각 제학嘉善奎章閣提學을 지냈다. 문학으로 세상에 알려졌고, 필법도 능통하여 막힘 없이 잘 통하였다.

조진백曺鎭百

조심의 13대손이자 조위의 11대손으로, 조예규의 아들이다. 1829년에 김천 봉산면 봉계에서 태어났으며, 자는 공서公瑞이고 호는 하석霞石이다. 1859년(철종 10)에 성균관 진사시에 급제하여 감역監役·중부도사中部都事·사직령社稷令을 거쳐 공조 정랑工曹正郎·형조 정랑刑曹正郎·병조 정랑兵曹正郎을 역임했다. 청덕淸德으로 이름이 높았다.

조익영曺益永

조심의 14대손이자 조위의 12대손으로, 조진만曺鎭萬의 아들이자 관찰사 조시영曺始永의 동생이다. 1845년에 김천 봉산면 봉계에서 태어났으며 자字는 치형致亨이다. 1873년에 형 조시영始永과 함께 진사시에 급제하여 통정 의관通政議官 등을 지냈다.

조석영曺奭永

조심의 14대손이자 조위의 12대손이며, 형조 정랑刑曹正郎 조진백曺鎭百의 아들로서 자는 대윤大潤이다. 1885년에 진사시에 급제하여 울산 부사蔚山府使 등을 지내고 통정대부通政大夫에 올랐다.

조시영曺始永

조심의 14대손이자 매계 조위의 12대손으로, 김천 봉계에서 태어났다. 자는 치극致克이요 호는 후계後溪이다. 벼슬로 홍문관 부수찬, 교리, 병조 정랑, 병조 참의, 형조 참의, 동부승지, 흥양 부사, 고령 부사, 여산 부사, 경상도 소모사, 경상남도 관찰사 등을 지냈다. 그가 부사로 재직하였던 곳마다 송덕비頌德碑가 세워졌는데, 경상남도 관찰사 재직 시 선정으로 진주에 사당과 청덕선정비淸德善政碑가 세워졌으며, 합천 해인사에도 선정비善政碑가 세워져 있다. 특히 1897년에 창녕 화왕산火旺山에 '창녕조씨 득성지지비昌寧曺氏得姓之地碑'를 세웠고, 창녕 고암의 시조 득성 영적비와 일원각一源閣을 지었다. 또한 창녕조씨 대동보大同譜인 『신해보辛亥譜』를 간행했으며, 김천의 매계구거梅溪舊居(율수재聿修齋)를 중수하는 등 창녕조문을 위해 많은 일을 하였다. 저서로 『상례촬요喪禮撮要』·『후계집後溪集』 등이 있다.

조경승曺璟承

조심의 15대손으로, 조시영의 아들이다. 초명은 조상옥曺相鋈이고 경학원 사성經學院司成을 역임했다. 창녕조씨 전국 화수회 초대 회장을 지냈다.

조병태曺秉台

조심의 15대손으로, 성균관 진사시에 급제했으며, 초명은 윤묵允默, 호는 극당克堂이다. 창녕조씨 대동보(『신해보』)를 조시영과 함께 간행하였으며 찬성공파보贊成公派譜인 『기묘보己卯譜』의 서문序文과 김천의 「마암재 중수기馬巖齋重修記」, 거제도의 「경원재기景遠齋記」, 김천의 「학하재기鶴下齋記」, 『금릉지金陵誌』의 서문 등을 지었다. 저서로 『극당유고克堂遺稿』가 있다.

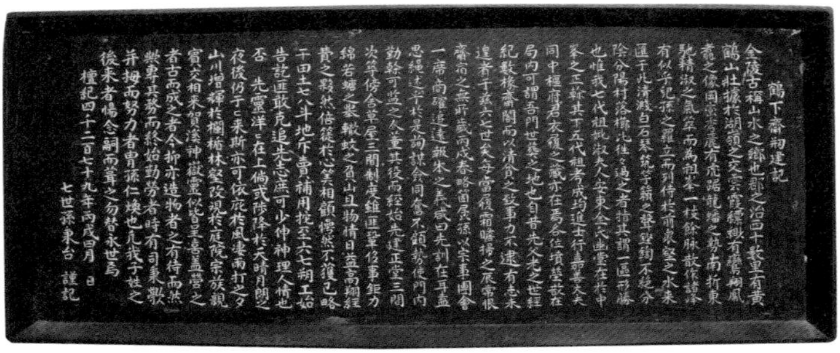

김천 학하재에 게시된 「학하재기」

조병구曺秉球

조심의 16대손으로, 조시영의 손자이다. 독립운동가로서 옥고를 치렀으며, 대한민국 건국 후 조선통신사 부사장을 지냈다.

조병완曺秉完

조심의 16대손으로, 조시영의 손자이다. 대학 교수를 지냈고, 국회전문위원, 입법회의 사무차장을 거쳐 국회사무처 사무차장을 지냈다.

조성환曺成煥

조심의 16대손이다. 1897년에 조시영과 함께 창녕 화왕산에 '창녕조씨 득성지지비昌寧曺氏得姓之地碑'를 세울 때 감역을 담당하였다.

조봉암曺奉岩

조심의 17대손이다. 독립운동가로서 옥고를 치렀고, 제헌국회의원, 초대 농림부장관, 제2대 국회부의장을 지냈다. 제2대 및 제3대 대통령 후보로 출마하여 낙선하였고, 진보당을 창당하여 위원장이 되었다가 1958년에 진보당 사건으로 죽임을 당했다. 창녕조씨 전국 화수회 제3대 회장을 지냈다.

조경환曺景煥

조심의 17대손으로, 예명은 고려성高麗星이다. 대중가요 작사가이며, 독립운동가로서 옥고를 치렀다. 작곡가 조광환의 맏형이다. 〈나그네 설움〉 등을 작사했다.

조광환曺曠煥

조심의 17대손으로, 예명은 나화랑羅花郎이다. 대중가요 작곡가로서, 〈열아홉 순정〉(이미자 노래)·〈이정표〉(남일해 노래)를 비롯하여, 〈청포도 사랑〉·〈무너진 사랑탑〉·〈울산 큰 애기〉 등을 작곡하였다. 그의 세 아들인 조규천·조규만·조규찬도 작사가·작곡가·가수로 활동하고 있다. 김천 봉산면 봉계길 214-15에 나화랑 생가 고택이 있는데, 2020년 3월 9일에 국가등록문화재 제775호로 지정되었다.

나화랑 생가(김천 매계문중 제공)

나화랑 생가 앞뜰의 향나무와 우물

조광운曺光云

조심의 17대손으로, 호는 화도花島이다. 법학 박사로서 광운대학교를 설립하여 교육에 헌신했다.

조익환曺翊煥

조심의 17대손으로, 공화당 창당 위원이다. 1981년 창녕의 일원재一源齋 사업추진위원장을 지냈다. 아울러 김천에 있는 조위 묘역 정비 및 묘비와 재실 마암재馬巖齋의 개축, 율수재聿修齋 보수 등 문중을 위해 노력했다. 주식회사 대양통신의 회장이다.

조태환曺台煥

조심의 17대손으로, 경북대학교 의과대학 교수와 경북대학교 병원장을 지냈다.

조상도曺相道

조심의 17대손으로, 거제시 초대 민선시장을 지냈다. 창녕조씨 문장공파 대종회文莊公派大宗會 회장을 맡았다.

조재현曺在現

조심의 17대손으로, 부산해양경찰서장과 창녕조씨 인천광역시 종회장을 지냈다.

조대환曺大煥

조심의 17대손으로, 대전지방검찰청 강력부 부장검사 및 제주지방검찰청 차장검사, 청와대 민정수석 비서관을 역임했으며, 변호사를 하고 있다.

조두석曺斗錫

조심의 18대손으로, 남원 군수, 법무부 이사관, 고등고시 위원, 한국독립당 조직국장을 지냈다. 한국전쟁 시 납북되었다. 그의 아내는 서울여자상업고등학교 교장을 지냈다.

조형부曺亨富

조심의 18대손으로, 부산중부경찰서장, 대한건설협회 부산광역시회장, 제11대 국회의원을 지냈다. ㈜동양건설 회장으로, 창녕조씨 거제시 종회장을 지냈다.

조규성曺圭星

조심의 18대손으로, 부산광역시 교육청 학무국장을 역임하였다. 아울러 창녕조씨 대구광역시 종회 및 창녕조씨 대종회 고문을 지냈다.

조규태曺圭泰

조심의 18대손으로, 김천 출신이다. 청와대 비서관, 감사원 심의관, 수도권 신공항건설공단 감사 등을 지냈다.

조규철曺圭哲

조심의 18대손으로, 김천 출신이다. 한국외국어대학교 총장 등을 지냈다.

조홍曺弘

조심의 18대손으로, 김천 출신이다. 경북체신청장, 정보통신부 금융국장, 서울체신청장 등을 지냈다.

조무성曺武星

조심의 18대손으로, 광운대학교 총장을 지냈다.

조규일曺圭一

조심의 18대손으로, 농림수산부의 양정국장, 기획관리실장, 차관보, 차관 등을 지냈다.

조규설曺圭禼

조심의 18대손으로, 공군 법무관, 부산지방법원 판사, 의정부 지방법원과 서울중앙지방법원 부장판사 등을 거쳐 서울동부지방법원 부장판사로 재직 중이다.

조수용曺洙鎔

조심의 19대손으로, 고려대학교 의과대학 교수, 고려대학교 구로병원 부원장을 지냈다. 아울러 창녕조씨 찬성공파 족보 편찬 위원장을 지냈다.

조성현曺聖鉉

조심의 19대손으로, 해군 의무감, 인천복지병원장 등을 지냈다.

조창현曺昌鉉

조심의 19대손으로, 청송 군수, 영주 부시장, 경상북도의 경제통상국장과 문화체육관광국장, 도의회사무처장, 경상북도체육회 사무처장 등을 지냈다.

조석현曺石鉉

조심의 19대손으로, 한림대학교 정형외과 교수를 지냈다.

조태준曺太俊

조심의 20대손으로, 부산 대양고무주식회사 회장이다. 창녕조씨 부산광역시 종회장 겸 창녕조씨 전국 대종회 부회장을 지냈다.

창녕조문의 혁혁한 인물을 모두 소개할 수 없음이 아쉽다. 또한 이분들의 행적을 자세하게 서술할 수 없음도 안타까울 뿐이다. 창녕조문의 종훈은 '숭조崇祖, 화합和合, 애족愛族'이다. 조상을 받들고 종인들끼리 화합하며 겨레붙이들을 사랑하자는 취지의 가르침을 담고 있다. 그런데 조상과 겨레붙이는 창녕조문 일가에 한정되지 않는 듯하다. 실제 세현들의 행적을 보면, 국가와 민족이 어려운 시기를 만났을 때 창의하여 헌신한 이가 드물지 않기 때문이다. 이를테면 임진왜란 때 왜병이 김산金山(지금의 김천)을 약탈하자, 조천민曺天民이 단신으로 나아가 왜적을 죽였고, 조천민이 왜적에게 죽자 그의 아들 조함曺涵도 조천민과 같이 죽었다. 또한 집안의 노비인 기산起山도 주인 부자가 죽었다는 소식을 듣고 목 놓아 통곡했다고 하여, 충효열 삼절의 우듬지가 되었다. 조정에서 뒷날 이들에게 정려와 복호復戶를 내렸음은 물론이다.

그뿐만 아니라, 무릇 충과 효가 안과 밖을 가진 하나의 가르침이라는 점을 고려했을 때, 창녕조문의 효성과 관련한 행적이 갖는 의미는 남다르다. 조응방曺應邦과 그의 아내 창녕성씨昌寧成氏에게 효자와 효부로서 정려가 내려졌던 일을 비롯하여, 조영승曺永承이 모친의 병을 고치기 위해 산꿩을 구하길 기원하자 산꿩이 날아와 떨어졌고, 그의 모친상에 어디선가 나타난 사슴이 죽어서 제수로 쓰였다는 이야기를 유생들이 조정에 품신하였다는 일, 그리고 조희명曺義明, 조윤규曺允奎, 조진정曺鎭鼎, 조인영曺麟

永, 조봉영曺鳳永, 조상철曺相哲의 아내 파평윤씨坡平尹氏, 조태승曺台承의 아내 청주한씨淸州韓氏, 조정묵曺挺默의 아내 제주고씨濟州高氏 등 6대에 걸쳐서 여덟 명에게 정려가 내려진 일은 뭇 세현들과 함께 기억될 필요가 있다.

2 종가의 문헌들

예부터 사람의 흔적은 글이나 집, 혹은 예법으로 남기 마련이다. 창녕조문도 마찬가지이다. 특히 창녕조문은 문헌과 관련하여 귀중한 자료를 많이 산생하였다. 지금은 보관의 문제로 인하여 이들 자료를 종택에 두지 않고 한국국학진흥원에 기탁하여 보존하고 있다. 매계문중 삼석재파에서 고서류 284책, 고문서류 263점, 서화류 19점을 기탁했고, 조상환가에서 고서류 8책을 기탁했으며, 조지환가에서 고서류 22책, 고문서류 10점 등을 기탁했다. 이 밖에 목현판 2점과 묘지석 2점도 기탁했다.

문헌 관리에 전문성을 갖고 있는 공공기관에 자료들을 맡겨서 전문가들의 손길을 선택한 것은 현명한 판단으로 사료된다.

문중에 별도의 장서고가 없는 경우 분실과 소실의 위험이 다분하고, 보관에 있어서도 부주의로 인하여 자료가 파손될 우려가 있기 때문이다.

여기서는 한국국학진흥원에 기탁된 자료를 중심으로 창녕조문의 문헌에 대하여 논의하도록 한다. 그리고 이 글을 집필하면서 특별히 조위의 모친인 문화류씨의 묘지석을 발견하고 기뻐했다는 문중의 얼굴이 아른거림을 거론하고자 한다. 묘역을 정리하다가 상석 밑에서 발견된 묘지석에는 조위의 친필이 새겨져 있었다. 이 묘지석의 탁본을 마암재 대청 안쪽 상단 중앙에 표구하여 넣은 문중의 마음이 갸륵하게 느껴진다. 작은 족적이나 필적 하나라도 수습하여 보존하고자 하는 마음이 엿보이고 조상에 대한 자랑스러움이 배어나기 때문이다. 아래에서 종류별로 논의하도록 한다.

1) 문집

(1) 조위

『매계선생연보梅溪先生年譜』

조위曺偉에 관한 기록으로, 1941년에 간행되었다. 서문은 조경승曺璟承(1941)이 지었고, 발문은 조정환曺禎煥(1941)이 지었다. 소장주기에 "지사공파 종중 보관知事公派宗中保管"이라고 되어 있다. 목판본이며 불분권 1책이다. 이 책은 석인본(불분권 1책)으로도 간행되었다.

『선조 문장 매계 조 선생 사실先祖文莊梅谿曺先生事實』

조위에 관한 사실을 기록하고 있다. 이 책은 조위의 연보를 필사한 것으로, 책의 표제가 '매계연보梅谿年譜'이다. 필사본 1책이다.

『매계선생문집梅溪先生文集』 중간본

조위의 문집으로, 1718년에 간행되었다. 서문은 정호鄭澔(1718)·권상하權尙夏(1718) 등이 지었고, 발문은 김유(1718)·조술 등이 지었다. 장판기藏板記에는 "세무술하 김산 직지 개간 장판歲戊戌夏 金山直指開刊藏板"이라고 되어 있다. 전체 5권 2책의 목판본이다.

『매계선생문집梅溪先生文集』 삼간본

조위의 문집이다. 갑자사화 이후에 조위의 아우인 조신曺伸이 조위의 유문을 모아 초간본을 만들었고, 1718년에 김유金楺가 조위의 후손인 조술曺述이 보관하고 있던 초간본에 서문과 발문을 추가하여 중간본을 간행했다. 이 책은 삼간본으로, 전체 10권 5책의 석인본이다. 서문은 정호鄭澔(1718)·권상하權尙夏(1718)·김영한金寧漢(1928)이 지었고, 발문은 김유(1718)·조술·김재로金在魯(1925)·조임曺霖·조병태曺秉台(1928)·조세영曺世永(1928) 등이 지었다.

앞의 문헌들에서 보듯이, 갑자사화甲子士禍 이후 흩어졌던 조위의 유문을 조신曺伸이 수집·편찬하여 연보와 함께 활자로 간행했다. 이것이 『매계선생문집』 초간본이다. 그 후 초간본이 일실되어 전해지지 않자, 1718년(숙종 44)에 김유金楺가 금릉 군수金陵郡守로 부임하여 조위의 5대손 조술曺述이 보관해 온 초본을 얻어서 새로이 간행하였는데, 이것이 『매계선생문집』 중간본이다. 이후 1928년에 조규형이 중간본을 저본으로 삼아 석인하게 된다. 이것이 『매계선생문집』 삼간본이다. 창녕조문은 『매계선생문집』 중간본과 삼간본, 그리고 별책의 연보를 소장하고 있었다.

『매계선생문집』의 권1~권3에는 시의 형식별[詩體別]로 시들이 수록되어 있다. 권1에는 오언절구 7제, 오언율시 21제, 오언고시 10제, 육언절구 3제, 육언사운 2제, 칠언절구 26제의 순으로 실려 있다. 권2에는 칠언율시 141제가 실려 있는데, 여기에는 1477년에 지은 「송도록松都錄」 14제가 포함되어 있다. 권3에는 칠언율시 54제, 칠언고시 1제, 칠언장편 15제가 실려 있다. 권4는 문文으로 서書 1편, 기記 10편, 서序 5편, 발跋 2편, 묘지墓誌 1편, 묘표墓表 2편, 지識 1편이 실려 있다. 시詩와 문文의 제목 아래[題下]에는 소주小註가 많이 달려 있다. 그중 "쇄문운瑣聞云" 혹은 "쇄록운瑣錄云"이라 되어 있는 것이 많은데, 이는 중간본重刊本을 편차編次할 때 첨가된 것이다. 권5는 부록으로, 야사野史에서 뽑은 「사화사실史禍事實」, 조신曺伸이 지은 「행록行錄」, 홍귀달洪貴達이 지은 묘지墓誌와 「매계당기梅溪堂記」, 김굉필金宏弼이 지은 제문祭文과 송시열宋時烈이 지은 송계서원 봉안문松溪書院奉安文 등이 실려 있다. 권말에는 김유金楺·5대손 조술曺述이 1718년에 지은 발문이 각각 실려 있다.

조위의 문집에 대한 논의는 제3장에서 아울러 상술하기로 하고, 여기서는 그 서지적 내용을 관견管見하는 것으로 그친다.

(2) 조신

『적암유고適庵遺稿』

조신曺伸의 저서이다. 필사본 1책으로 되어 있고, 조신의 작품 150제 398수가 수록되어 있다. 원래 조신은 자신의 시고詩藁를 총 5권 분량으로 직접 편찬했는데, 그의 사후에 허균許筠이 「제적암유고서題適庵遺稿序」를 작성할 당시 5권 가운데 이미 3권은 일실되고 2권만 남아 있었다. 조신의 시고가 문집으로 간행되지 않은 채 필사본으로 전해 오다가 잃어버린 듯하다. 이후 「제적암유고서」, 묘표 2편, 「소문쇄록서謏聞瑣錄序」 등이 추가된 책이 현행하게 되었다. 위 책도 바로 그에 해당한다. 근래 조신의 일시逸詩 8수를 보충하는 연구가 나왔다. 다음은 허균의 서문이다.

> 조신曺伸은 매계梅溪의 서제庶弟로서 같은 해에 태어났지만 월일은 조위보다 뒤이다. 형제가 나란히 문장이 있어 모두 선릉宣陵, 성종成宗의 지우를 받았다. 조위는 10년 안에 품계가 뛰어 소사도小司徒에 이르렀으나, 조신은 출신이 미약하여 벼슬길에 나아가지 못하고 처음에 사알司謁이 되어 합문閤門에 이르렀다. 선릉이 무시無時로 불러 보고 때때로 험운險韻으로 시험하면 곧바로 주필로 바쳤는데 말과 뜻이 모두 아름다워 매양 비단옷을 하사받았다. 일본에 다녀온 일로 인하여 군직軍職을 받았다가 뒷날 내시교관內侍敎官이 되었다. 한동안 지낸 뒤에 대군大君의 사부가 되었고 육전六典이 반포되자 비로소 내의원內醫院에서 벼슬하게 되었다. 또 북경에 다녀온 일로 인하여 역원譯院이 되고 많은 공로로 3품에 이르렀으니, 대개 문학 외에도 겸

통했던 부류였다.

중묘中廟(중종中宗)가 어렸을 때 일찍이 감반甘盤의 연분이 있었다. 중묘가 즉위하여 내의정內醫正으로 삼고 찬집청纂集廳으로 출사시켰으며 특별히 당상堂上의 품계를 더했다. 그러나 간언하는 신하의 말로 인하여 그 명을 거두었다. 나이 75세에 김산金山의 집에서 죽었다. 내가 조신의 「백년록百年錄」을 보니, 그 행적이 대개 이와 같았다. 선정宣靖(성종과 중종) 두 임금의 때에 문화가 크게 진작하여 관각의 여러 원로 가운데 거공鉅公으로 일컬어지는 자가 매우 많았는데, 다들 조신을 거벽으로 꼽았다. 남지정南止亭(남곤南衮)·박읍취朴挹翠(박은朴誾)·이문민李文愍(이행李荇)·김이숙金頤叔(김안로金安老)·김문경金文敬(김안국金安國)·이호숙李浩叔(이항李沆)·김문정金文貞(김정金淨) 등이 모두 질문 변석하되 조신에게서 절충받았으니, 그 추존함을 오히려 알 만하다. 호음湖陰(정사룡鄭士龍)은 뻣뻣하여 인정하는 사람이 적었는데 그의 정진鼎津 별서에 조신의 시와 용재容齋(이행李荇)·눌재訥齋(박상朴祥) 세 사람의 작품만을 집에 걸어 놓았으니 또한 그의 뜻을 볼 수 있다. 나는 조여익曺汝益(조우인曺友仁)에게서 시 2권을 얻었다. 아마도 3권은 유실되고 남아 있는 것이 이것뿐인 듯했다. 그의 글을 읽어 보면, 준절하고 간중하여 대개 황정견黃庭堅과 진사도陳師道로부터 나왔으나 약간 농염하고, 태허太虛(조위)와 비하면 혼융됨이 지나쳤다. 부족한 것은 격조와 음향과 문조였다. 그 또한 조선의 명가가 아니겠는가?[曺伸者 梅溪之庶弟 生同年 月日後於偉 昆季竝有文章 俱被宣陵知愛 逴十年之内 超至少司徒 而伸以出微 不克籧仕路 初爲司謁 供奉閤門 宣陵召見無時 時試以險韻 輒走筆以進 詞意兼美 每受衣練之賜 以赴日本付軍職 後爲内侍教官 久之移大君師傅 六典頒 始令仕内醫院 又以赴京改譯院 積勞至三品 蓋文學之外 兼通諸流也 中廟少嘗有甘盤之舊 卽大位 召爲内醫正 仕纂集廳 特加堂上階 因諫臣言寢其命 年七十五卒于金山家 余見伸百年錄 其行蹟概如是矣 當宣靖二廟之時 文化大振 館閣諸老先生稱鉅公者甚多 皆以伸爲巨擘 南止亭朴挹翠李文愍金頤叔金文敬李浩叔金文貞諸人 皆質問辨析取衷於伸 其推尚可知也 湖陰倔強少許可 其鼎津墅 只榜伸詩及容齋訥齋三作於軒 亦可見也 余從曺汝益 得其詩二卷 蓋遺失三卷 而餘存者只此 讀之 遒切簡重 蓋出於黃陳而微穠 比諸太虛 則渾融過之 所乏 格也響也藻也 其亦國朝名家哉]

이 글은 허균의 『성소부부고惺所覆瓿藁』 권5에도 실려 있다. 조신의 삶을 요약하고 있는데, 특히 그가 미약한 신분임에도 불구하고 군주의 지우를 입고, 당시 명망 있는 지식인들에게 중망이 있었음을 밝히고 있다. 이 점은 아주 중요하다. 신분제 사회가 갖고 있는 질곡을 극복하기가 쉽지 않은 일인데, 조신은 극복이 가능할 만큼의 자질과 노력이 있었음을 보여 주기 때문이다. 허균이 당대 지식인들의 이름을 하나하나 거론한 뒤에 조신의 작품에 대한 품평을 맨 뒤로 돌린 이유도 그러하다. 자신만의 평가가 아니라는 뜻이고, 조신에 대한 세평의 객관성을 강조하려 한 것이다. 조위와 나눈 인간적 정의情誼를 보여 주는 시를 하나 같이 읽도록 하자. 시제는 「동짓날 고령 가는 길에서 우연히 읊다[冬至日高嶺途中偶吟]」이다.

오늘은 동짓날이라 나그넷길 수고롭거니와	至日今朝行旅勞
뉘라서 다시 문을 닫고 높이 몸을 기를까나.	閉門誰復養身高
음이 사라져도 쌓인 눈은 아직도 냉기가 스미고	陰消積雪猶侵冷
양이 돌아오나 차가운 매화는 아직 봉우리 터지지 않네.	陽復寒梅未放苞
언제나 얼음 골짜기에 따스한 음률이 불려나	氷谷幾時吹煖律
어드메 장기의 고장에서 「이소」를 읽고 있으리.	瘴鄉何處讀離騷
하절을 모신 홍당이라, 그리움 달랠 방법이 없어	烘堂賀節無由得
하늘 끝 향해 눈물짓다 짧은 도포를 쥐노라.	泣向天涯挽短袍

조신이 함경도 고령으로 가는 길에 조위를 생각하면서 지은 시이다. 당시 조위는 순천順天으로 유배를 가 있던 상황이었고 조

신은 공무를 수행하는 중이었다. 조위를 향한 그리움을 달랠 방법이 없어서 결국 눈물짓고 만다는 내용이다. 조신과 조위 사이의 따스한 인간애를 잘 보여 주는 작품이다. 특히 제3~4구는 아직 추위가 가시지 않은 상태로, 매화마저 아직 꽃을 피우지 않았고, 눈도 아직 녹지 않아서 골짜기에 냉기가 완연하다. 순간 작자는 그리움에 빠져든다. 제5구의 '빙곡氷谷'이나, 제6구의 '장향瘴鄕'은 유배살이를 하고 있는 조위가 있는 공간이다. 바닷가라 몸에 안 좋은 장기瘴氣가 휘감고 있고, 시절이 봄이건만 여전히 냉기가 감도는 골짝, 그곳에 조위가 놓여 있다. 가장 아픈 구절은 제8구이다. '읍泣'은 차마 소리 내어 통곡하지도 못하는 심정을 잘 표현해 준다. 조위는 순천으로 유배 간 지 얼마 안 되어 세상을 떠난다. 이 시는 흡사 조위를 영결하는 듯하여 처연하다.

(3) 조유

『우졸당유고愚拙堂遺稿』

조유曺逾의 저서이다. 필사본 1책으로 되어 있다. 조유는 호가 우졸당으로, 천성이 자상하고 단아했다. 경서에 뜻을 두고 공부하였지만, 출세에 뜻을 두지 않고 김산 봉계의 매계구거에서 오로지 학문에만 정진하였다. 또한 부모님을 섬김에 진심을 다하였던바, 모친상에는 3일 동안 물 한 모금 먹지 않고 3개월간 죽만 먹었으며, 3년 동안 나물밥에 물만 마셨다. 그리고 상복을 벗지 않은 채 밤낮으로 빈소를 지키면서, 초하루와 보름에는 반드시 묘소를 찾아가 애통해하다가 돌아왔던 효자였다. 그의 아우 조술曺述이 지은 행장에 의하면, 조유는 평생을 마칠 때까지 저서가 없었는데, 이는 그가 문장과 예능으로 세상에 자신을 알리려 하지 않았기 때문이라고 하였다. 다만 일기 몇 권과 약간의 왕복 서독, 제문, 만시와 시 몇 편뿐이라고 하였다. 이들은 '상목常目'이란 이름으로 집안에 전해져 왔다. 『대학』 명명덕장明明德章에 "하늘의 밝은 명을 돌아보며 살핀다.[顧諟天之明命]"라는 『서경』 「태갑」의 말이 인용되었는데, 이에 대해 주희가 해설하면서 "고顧는 항상 눈 안에 그것을 두는 것을 말한다.[顧謂常目在之也]"라고 했고, 또 "하늘의 밝은 명이란, 바로 하늘이 나에게 부여해 주어서 내가 덕으로 삼게 된 것이니, 항상 이것을 눈 안에 두게 되면 어느 때이고 밝지 않은 경우가 없을 것이다.[天之明命 卽天之所以與我 而我之所以爲德者也 常目在之 則無時不明矣]"라고 했다. '상목'은 여기서 나온 이름이다. 집안에는 서독을 모아 놓은 '선고서독先考書牘'이 전하는데, 이 서독들이 '상목常目'에 수렴되어 현재 『우졸당유고愚拙堂遺稿』를 이루었다. 실제 서독에 대한 발문을 쓴 권상하權尙夏의 「간독발簡牘跋」(1714)을 보면 다음과 같이 되어 있다.

조세붕曺世鵬 군이 어느 날 그 선대인先大人의 간독簡牘을 소매에 갖고 온 것을 보니, 글자마다 학업을 근면하는 뜻이었으며, 또 그 아들이 편집한 연보를 보니 행실의 고고함과 노력한 공부는 사람들이 미치기 어려운 것들로서 사람들로 하여금 어느덧 공경하는 마음을 일어나게 만들었다. 대저 들으니 공은 매계梅溪의 후손이며, 우계牛溪의 미생彌甥으로, 고가의 명성에 정확한 내력이 있었다. 돌아보건대 나와 같이 고루한 사람이 평소에 한번 만나 뵈어 이택麗澤의 도움을 받지 못하였으니, 이것이 한스러웠다. 오호라! 암혈의 선비가 독학하고 힘써 행한 것이 저와 같았으나 이름이 인멸되어 일컬어지지 않으니, 슬프도다! 삼가 몇 줄의 말씀을 권말에 기록하여 뒷날 오는 사람들에게 보이노라.[曺君世鵬 一日袖示其先大人簡牘 字字皆勤勉學業之意 又觀其胤所編年譜 制行之孤高 用工之刻苦 又皆人所難及者 令人不覺起敬也 盖聞公是梅溪之後孫 牛溪之彌甥 故家風聲的有來歷 顧余固陋 未獲一雅於平日 以滋麗澤之益 是可恨也 嗚呼巖穴之士 篤學力行 如彼而名湮滅而不稱 悲夫 謹書數行語於卷末 以示來後]

위에서 보듯이, 조세붕이 조유의 서독을 모아 권상하에게 갖고 가서 발문을 얻었는데, 그 발문에 '간독'이라고 하였으니, 그것은 서독이 대부분인 유고였던 것이다. 지금의 유고는 부록이 추가되어 후세에 만들어진 것이다. 현재 『우졸당유고』는 연보, 시詩 3편, 일기日記 4편, 서書 10편으로 이뤄져 있고, 부록에 만사 13수, 행장 및 관련 기사, 소지所志, 상량문, 기문記文 등이 포함되어 있으며, 최근에 국역이 이뤄졌다. 연보에 의하면, 조유는 경사자집을 두루 섭렵했는데, 특히 『소학』은 삼백 번을 읽고 『대학』은 오만 번을 읽었으며, 『서전書傳』을 천 번 읽고, 한유韓愈는 백 번 읽었다고 했다. 『주자대전』·『율곡집』·『퇴계집』·『우계집』을 비롯해 『심경』·『근사록』까지 읽었으며 정구鄭逑·장현광張顯光·조식曺植의 문집도 읽었다고 했다. 그래서일까? 유고를 펼치면 옛분들에 의지하여 늘 자경自警하는 목소리가 배어 나온다. 그의 「일기를 쓰며 자경하다[書日記自警]」를 보자.

아! 슬프다. 아침에 소득이 없고 저녁에 보고 익히지 않아, 지학의 나이가 이미 지나갔어도 어린이의 생각이 아직도 많다. 가만히 생각해 보니, 스스로 슬프도다. 하루 동안 행동의 옳고 그름과 학업의 부지런하고 태만함을 하나하나 기록하고 때때로 경책警責을 더하여 늦게 깨닫고 행하기 어렵다는 탄식을 면하고자 한다. 나의 뜻이 어찌 우연이리오? 아! 슬프다. 남아로 태어나 죽으면 그만이지만 죽지 않으면 배울 것이요 성현을 구하는 것이 옳으리라. 아직 배우지 않았을 적엔 배울 것을 생각하고, 이미 배운 뒤에는 확충할 것을 생각하되, 종일토록 부지런히 하여 혹여 도달하지 못할까 두려워하라. 내일은 오늘과 다르고 내년은 올해와 다르리라. 차라리 내가 도를 듣고 죽을지언정 배우지 않고 사는 것이 옳겠는가? 그래서 마음으로 생각할 뿐 아니요 또 글로 기록하여 보고 성찰하는 데 대비하고자 한다.[嗟呼 朝無所益 暮不見習 志學之年已過 兒童之見尚多 靜言思之 躬自悼矣 日夕行事之是非 學業之勤慢 一一書之 時加警責 俾免晩悟難行之歎 余之意 豈偶然哉 嗟呼 男兒死則已 不死則學求聖賢可矣 其未學也 思所學之 旣學也 思所擴之 乾乾終日 如恐不及 明日異於今日 來歲殊於今年 寧吾聞道而死 不可爲不學而生 故不惟思之於心 又筆之於書以備觀省云]

또한 간혹 밤이 깊도록 독서하매 기운이 피곤하여 곤하게 잠이 들어 새벽에 일어나지 못하면, 반드시 글을 기록하여 경계로 삼았다. 그 대략은 다음과 같다. 과연 자경自警의 지식인이라고 할 만하다.

잠들지 않고 새벽에 이르는 것이 나의 숙원이었으나, 한 번은 꿈에서 겨우 깨어나니 해가 이미 다시 솟아올랐다. 겨울밤이 짧은 것인가? 잠에서 깨지 못한 것인가? 그 뜻이 서지 않은 채 게으름과 오히려 사귀는 것은 아닌가.[不眠達曙 是余宿願 而一夢才覺 日已復出 冬夜短耶 眠不覺耶 亡其志不立 而懶猶交耶]

–「늦게 일어난 후에 일기에 쓰다[晏起後書日記]」

(4) 조술

『경매당유고景梅堂遺稿』

조술曺述의 저서로, 단권의 필사본이다. 경매당景梅堂은 조술의 호이다. 내용은 시詩·발跋·소疏·제문祭文·서書·행장行狀·기記·잡저雜著로 이뤄져 있다. 조우명曺羽明의 발문에 의하면, 조술의 문장은 경술을 공부하는 데에서 나왔으며 온평溫平하고 진담眞澹한 맛이 있다고 하였다. 그의 발문을 들어 본다.

아, 우리 경매당 선생은 학문과 행의로 당세에 중망重望을 받았지만 여사餘事인 문장도 찬란하고 울림이 있었다. 그 글은 붓 가는 대로 문장을 이루어서 아로새기거나 애써 깎은 흔적은 없고 온평溫平하고 진담眞澹한 맛이 있으니 아마도 경술을 익히는 가운데에서 나와 많이 쌓고 널리 펴낸 것이리라. 만일 성세에 솜씨를 보일 수 있었다면 왕도를 보필할 수 있었을 것이나 누차 유사有司에서 내쫓겨서 재주를 펼칠 수 없었으니, 만에 하나 선생의 운명이런가? 그는 물러나 임천 속에 늙어 가며 지은 것이 약간 편이 있었다. 그러나 책자로 수렴하지 못한 채 하나둘씩 흩어져 버린 것이 많았다. 그 가운데 잃어버린 것이 또 얼마나 될지 모르겠다. 나는 일찍이 이를 애통하게 여기던 차에 요사이 여름철 휴가를 지나면서 시문 백여 편을 모았고, 삼가 분류하여 순서를 매기어 전체 유고를 만들었다. 이 안에는 간책簡策의 말미에서 고거한 것도 있고 상자 속에서 찾은 것도 있으며 사찰의 편액에서 구한 것도 있고 사우의 집에 소장된 책자에서 확인한 것도 있다. 아, 이 일이 어찌 내가 감당할 것이겠는가?[惟我景梅堂先生以學問行誼 重於當世 而餘事文章 又能燦爛鏗鏘 其文信手成章 無劃剜雕鏤之痕 有溫平眞澹之味 蓋自經術中做去 而多積博發者也. 若使蜚颺盛際 則可以黼黻王猷 而屢黜有司 不能展鋪 其萬一是先生之命歟 退而終老林泉 有所著若干篇 然未嘗有收錄卷子 而一二散在者多 就中缺亡者 又安知其幾許也耶 小子嘗慟恨于茲 近因居夏之暇 裒輯詩若文百餘篇 謹分類序次 合成全部遺稿 其有考據於簡

策末者 有搜檢於巾衍中者 得於寺刹間扁楣者有之 出於士友家書籍者有之焉 嗚呼斯役也 豈小子所可承當也]

(5) 조문식

『파간유고巴磵遺稿』

조문식曺文栻의 저서이다. 필사본 1책으로 되어 있다. 『일성록日省錄』에 의하면, 조문식은 정조 즉위년 10월 10일에 황해도 진사 신희申憘, 평안도 유학 조창인趙昌仁, 함경도 유학 채정락蔡挺洛 등과 함께 송준길宋浚吉을 묘정廟庭에 추배追配하길 요청하는 상소에 참여했다. 이를 통해 볼 수 있듯 조문식은 도학을 추숭하고 있었다. 이 책은 부賦 2편, 사詞 7수, 시詩 15제 20수, 서書 16편, 서序 1편, 소疏 3편, 장狀 2편, 묘지墓志 1편, 제문祭文 6편, 잡저雜著 5편과 함께 행장行狀이 부록으로 구성되어 있다. 유고 속의 시를 한두 수 들어 본다. 먼저「달성에서 상사 정중겸의 시에 차운하다[達城次鄭上舍重謙韻]」이다.

제일로 꼽는 이름난 터전일 서씨의 언덕이라 第一名基徐氏邱
화려했던 지난 일들은 천년 세월에 부쳤구나. 繁華往事屬千秋
훌쩍 지팡이에 나막신 신고, 세 차례 오른 곳에서 飄然笻屐三登處
북으로 돌아가는 구름 바라보다 길손 전송하며 시름하누나. 北望歸雲送客愁

이 시에는 자주自註가 붙어 있다. 을해년 가을에 처음 이곳을 보았고, 올해(신사년) 봄에 친구들과 같이 놀았으며, 이제 정중겸 상사와 같이 올랐다고 했다. 제3구의 '표연飄然'과 제4구의 '송객

수送客愁’ 사이의 감정적 거리를 주목할 필요가 있다. 이곳에 오르기는 가볍고 날래게 훌쩍 올라와 홀가분해 보이지만, 지금의 처지가 길손을 떠나보내며 헤어지기에 정조가 금세 가라앉고 있다. 행위와 엇갈리는 감정을 잘 포착한 시이다. 다음은 「‘윤 학사의 정문을 옮겨 걸다’ 시에 차운하다[次尹學士旌門移揭韻]」를 보자.

학사의 명성은 영원토록 전할지니	學士風聲永世傳
인륜을 우리나라에서 지탱하셨도다.	倫綱撑柱海東天
삼학사의 죽음은 숭정제에 보답함이요	三忠死報崇禎帝
재조再造의 은혜가 만력년에 깊어서라네.	再造恩深萬曆年
청사에 기록된 자취는 예부터 빛나거니와	記跡青編從古煥
붉은 문설주에 쓰인 이름도 지금까지 걸렸네.	書名丹楔至今懸
되레 가륵하나니, 퇴락한 도성 서쪽 집에	還憐冷落城西宅
다만 착한 후손 있어 삼가 조상을 받드누나.	獨有賢孫祗奉先

이 시는 병자호란 당시 남한산성에서 끝까지 항쟁을 주장했었던 삼학사 가운데 윤집尹集의 정문과 관련된 시이다. 작자는 윤집이 지킨 것이 ‘윤강倫綱’이라고 했다. 충성으로 나라를 지켜야 한다는 분명한 윤리를 몸소 보여 주었던 윤집, 그에게 내려진 정문을 옮겨서 내건다는 소식을 듣고 쓴 시이다. 제3~4구는 병자년과 임진년의 난리를 하나로 엮어서 명나라로부터 받았던 은혜와 보답에 대하여 표현하였다. 이 두 가지는 하나로 엮일 수 없는 사건이지만, 대명 의리라는 차원에서는 하나로 매일 수도 있을 듯하다. 그러나 제7~8구에서 보듯이 이미 영락한 집안에서도

선조를 떠받드는 마음이 나오고 있음을 갸륵하게 여기는 작자의 태도가 주목된다. 숭조崇祖와 충효는 같이 가는 수레바퀴와 같다. 그가 「삼한부三韓賦」를 써서 역사에 대한 의식을 보여 준 것도 일맥상통하는 부분이 있다. 이 외에도 조문식은 「자산서원 강회紫山書院講會」에서, "우리 고을은 이제부터 길을 헤매다 깨어나리니, 강론과 학업을 세세토록 소홀하지 말지어다[吾鄕自此迷塗覺 講學年年且莫疏]"라고 하며, 주희가 백록동서원에서 강학하던 것을 견주며 공부를 게을리하지 않기를 당부하고 있다.

(6) 조시영

『후계문집後溪文集』

조시영曺始永의 저서로, 8책 16권이며, 현재 국회도서관에 소장되어 있다. 필사본으로 유일본이다. 조시영은 자가 치극稚克 혹은 치극稚極, 호가 후계後溪로, 1873년(고종 10)에 진사시, 1882년에 문과에 급제했으며 관직이 경상도 관찰사에 이르렀다. 조위의 12대손으로, 조진만曺鎭萬의 아들이나 큰아버지인 조진구曺鎭九에게 입양되었으며, 할아버지인 조예규曺禮奎에게 수학하였다. 만년에는 봉계鳳溪 옥호동玉壺洞으로 퇴거하여 후진 배양에 힘썼다. 편저로 『상례촬요喪禮撮要』가 있다.

『후계문집』은 조상섭曺相燮이 조시영의 유문을 수집하여 편집한 책이다. 권두에 이해익李海翼의 서문이 있다. 권1~권4에 부賦 5편과 함께, 시詩가 형식별[詩體別]로 모두 633수 수록되어 있다.

권5~권7에 소疏 2편, 계啓 1편, 경연강설經筵講說 10편, 서書 54편이 수록되어 있다. 권8에 서序 15편, 기記 14편, 발跋 9편이 수록되어 있고, 권9에 교서敎書 3편, 전箋 7편, 표表 8편, 상량문 3편, 찬贊 51편이 수록되어 있으며, 권10에 잠箴 8편, 혼서婚書 2편, 경의의난經義疑難 70편이 수록되어 있다. 권11~권14에 잡저 112편이 수록되어 있고, 권15에 묘지명 8편, 비문 2편, 묘갈명 7편, 행장 1편, 전傳 6편, 제문 26편이 수록되어 있으며, 권16에 부록으로 행장 1편, 송덕비문 1편 등이 수록되어 있다.

『후계문집』에는 조선 말기의 정치나 사회, 문화적인 측면을 잘 보여 주는 자료가 풍부하다. 시는 주로 역사적인 소재를 바탕으로 쓴 시가 많은데, 특히 구양수歐陽脩·소식蘇軾 등 송나라 인물을 제재로 하여 지은 시가 120수, 계찰季札·상앙商鞅 등 춘추 열국 시대의 인물을 소재로 쓴 시가 222수 실려 있다. 아울러 신포서申包胥를 대신하여 오자서伍子胥에게 쓰는 편지(「與伍子胥 代申包胥作」, 『후계문집』 권6)처럼 대서代書 방식을 통해 사론을 펼쳤던 작품도 많다. 또한 경의經義의 의난疑難에 대한 의론과 잡문도 풍부하다. 뿐만 아니라 김천의 봉산면 봉계고을 인의1리 옥호동의 자연을 묘사한 시인 「옥호동영물玉壺洞詠物」 33수는 문체가 수려하고 격조가 높다. 이는 이해익李海翼이 서문에서 언급했던바, "대개 공의 학문은 경술에 뿌리를 두고 사전史傳으로 보익하며 제자백가에서 널리 찾았으니, 심원하게 운몽雲夢과 같은 넉넉함을 지녔고, 울울하게 보불黼黻과 같은 화려함을 지녔다. 세간의 말 잘하는 사람들이 비견할 수 있는 바가 아니었다."라는 것이 허언이 아님을 확인시켜 준다. 그 서문을 들어 본다.

> 영남의 사우들이 당세의 문학을 논하면 반드시 후계 조치극을 남쪽 제일류로 꼽았으니, 그 명성은 우레처럼 호산湖山 수백 리 밖까지 은은하게 울렸다. 나 해익海翼은 어려서부터 속 깊게 듣고 드높이 우러르며 옷깃을 당겨 동쪽을 바라보되 크게 그를 위하여 수레를 몰겠다는 바람을 가졌었다. … 대개 공의 학문은 경술에 뿌리를 두고 사전史傳으로 보익하며 제자백가에서 널리 찾았으니, 심원하게 운몽雲夢과 같은 넉넉함을 지녔고, 울울하게 보불黼黻과 같은 화려함을 지녔다. 세간의 말 잘하는 사람들이 비견할 수 있는 바가 아니었다. 물러나서 그의 행실을 살펴보면, 효제孝悌는 신명에 통할 수 있고, 충경忠敬은 만맥蠻貊까지 다닐 수 있으며 집안은 대대로 부귀하지만 겸약謙約으로 자신을 다스리며 항상 맹자의 '나는 뜻을 얻어도 하지 않겠다'는 마음을 지녔다. 저 종족宗族과 향당鄕黨에는 진휼과 시혜의 은덕을 고루 나누고, 조정에서는 진심으로 아뢰고 이끄는 간심懇心을 다하였으며 주부州府에서는 화락하게 육성하는 교화를 드러내었다. 학문에 힘쓰되 덕에 근본하지 않은 이가 어찌 이렇게 할 수 있으리오.[嶺中士友 論當世文學 必推後溪曺穉克爲斗南第一流 有聲如雷 殷殷於湖山數百里之外 海翼自少聞之深而仰之高 引領東望 大有執鞭之願 … 蓋公爲學 本之經術 翼以史傳 旁搜於諸子百家 淵乎有雲夢之富 蔚乎有黼黻之華 非世間能言之士所可肩也 退而考其行 孝悌足以達神明 忠敬足以行蠻貊 家世富貴而謙約自牧 常存我得志不爲底意 其在宗族鄕黨均賑施之惠, 在朝廷彈啓沃之懇 在州府著樂育之化 非有懋學之本乎德者 惡能爾也]

다음으로 조시영이 상앙에 대하여 쓴 시를 들어 본다. 그는 상앙이 법령을 각박하게 실시하여 나라를 부유하고 강성하게 만들었지만, 고작 한때의 공업을 세운 데에 지나지 않았다고 했다.

그러면서 진나라가 망한 것은 결국 상앙이 잘못된 예를 만들었던 데서 기인한 것이 아닌가 하는 의문을 던지고 있다. 상앙으로서는 참으로 억울한 일이기는 하지만, 인간의 정리를 넘어서거나 과도하게 규제하는 것이 결국 민심을 이반하게 하고, 끝내 위정자가 폭정으로 흐르게 될 것이라는 경계로 삼은 뜻이 드러난다. 비록 작자는 지금의 무엇을 말하고자 했다는 언급은 없지만, 시대를 읽는 눈을 어디에 둘 것인지를 끊임없이 고민했던 것이 아닐까 생각한다.

아주 각박한 법령으로 부강해졌지만	法令深刻富强治
기특한 공업을 한때 세운 데 지나지 않네.	不過奇功立一時
영씨 진나라는 필경 탐욕과 폭정에 망했나니	嬴秦畢竟亡貪暴
혹시 상군이 작용作俑한 때문은 아니겠는가.	無乃商君作俑之

– 「진나라 상앙[秦商鞅]」, 『후계문집』 권2

위 시와 함께 최익현에 대한 만사를 잘 기억해 둘 필요가 있다. 항일 의병으로 활약했던 최익현에 대하여 작자는 '경만敬輓'이라는 존경의 뜻을 담은 만사를 남겨 두었다. 운자가 '충忠'이며, 최익현의 삶을 '충' 자 하나로 요약하고 있기도 하다. 운자와 시의 내용을 일치시켜 표현했다는 점에서 남달리 읽을 필요가 있는 시이다.

지엄하게 군주를 모셨으니 충이라 말할 것이요	嚴敬事君是謂忠

일생 동안 군주의 앞에서 간언하는 충성 다했네.	一生殫竭犯顔忠
산신이 일찍이 순강純剛한 기운을 내렸거니와	岳靈曾降純剛氣
하늘도 정녕 목숨 다한 충신을 가엾어했지.	天意應憐盡命忠
간책을 쥐고 진심을 바쳐 대의를 밝혔고	執簡輸誠明大義
몸을 빼내 난리에 달려가 충신들을 격동시켰네.	挺身赴亂激群忠
신속臣屬한 이웃들은 천년의 절개에 무색할지니	臣隣無愧千秋節
길이 다른 나라로 하여금 삼가 충심에 느껍게 하누나.	長使殊方聳感忠

– 「면암 최익현에 대한 만사를 삼가 짓다[輓崔勉菴公益鉉]」,
『후계문집』 권4

이 밖에도, 족보에 따르면 조우曺遇·조세룡曺世龍·조세붕曺世鵬·조극명曺克明·조준남曺俊南 등의 문집이 있다고 하나 현재 전하지 않는다. 다만 조준남에 대한 기사가 『승정원일기』에 전하고 있고, 만시 하나를 찾았기에 덧붙이고자 한다. 조준남은 호가 둔암遁巖으로, 어사로 천거되었으나 나아가지 않았다. 그는 '관상감 천문 겸교수觀象監天文兼敎授'를 지냈는데, 『승정원일기』에 이와 관련한 기사가 하나 나온다.

이명한이 호조의 말로 아뢰기를, "관상감 천문 겸교수觀象監天文兼敎授 조준남曺俊南은 별도로 유품流品을 주고, …(원문 결락)… 만약 조준남이 천문을 잘 알아 관상감에 없어서는 안 된다면 본감本監 …(원문 결락)… 겸교수兼敎授를 군직軍職에 붙이는 것이 … 마땅할 듯합니다. 감히 아룁니다."라고 하니, 전교하기를, "아뢴 대로 하라. 겸교수에 부록付祿하는 일은 관상감으로 하여금 헤아려 처리하도록 하라."라고 하였다.

– 인조 4년(1626) 병인 6월 25일

비록 조준남의 문집은 전해지지 않지만, 만시가 하나 전한다. 감호鑑湖 여대로呂大老(1547-1619)를 위해 쓴 시이다. 여대로는 성주 출신의 문신이자 의병장이었던 인물이다. 조식曺植의 문인으로서 합천 군수를 지냈다. 임진왜란 때 권응성權應星과 함께 김산에서 의병을 일으켜 거창 부근에서 왜적을 격파하여 공을 세웠다. 조준남의 만시에서 제3구의 '충효忠孝'와 제4구의 '문장文章'은 만사의 주인공인 여대로의 모습을 그대로 드러낸 것임을 짐작할 수 있다.

기미성箕尾星의 정기를 품고 남쪽 이웃에 내려오사	孕精箕尾降南隣
호해湖海와 같은 흉금 설월雪月처럼 신묘하셨지.	湖海胸襟雪月神
충효로 사람을 감동시켜 야박한 속세 치료하고	忠孝感人醫薄俗
문장은 세상을 놀래켜 무너진 인륜 일으켰지.	文章驚世起頹倫
공명은 군수에 멈추니 비록 천명은 묻혔지만	功名止郡雖堙命
옥이 뜰에 가득하니 진정 인仁을 도우셨도다.	蘭玉盈庭信祐仁
나무 고드름 갑자기 맺히며 장례를 꿈에 보았나니	木稼遽凝成奠夢
철인께서 떠나시니 나는 누굴 의지할까나.	哲人云逝我誰因

- 「만사輓詞」, 『감호선생문집鑑湖先生文集』 권3

2) 교지

하나의 종문宗門이 국가적으로 공인되었는지는 대단히 중요한 문제이다. 이를 증언해 주는 징표가 바로 교지라고 하겠다. 이는 군주가 사가의 인물에게 관직을 내리거나 과거에 급제하였을 때 입격을 공증할 경우 내린다. 그러므로 교지는 종문에게 큰 영광이다. 창녕조문 매계문중이 받은 교지를 정리하되, 과거 입격과 관직 하사로 한정하면 다음과 같다.

연번	수여자	시기	내용	비 고
1	조위曺偉	강희康熙 52년 11월 23일(1713, 숙종 39)	贈資憲大夫 吏曹判書 兼知經筵 義禁府事 弘文館大提學 藝文館大提學 知春秋館成均館事 世子左賓客 五衛都摠府都摠管 諡文莊公	
2	조윤희曺胤禧	만력萬曆 28년 10월 10일(1600, 선조 33)	通訓大夫 行漢城府判官	
3	조효창曺孝昌	강희 17년 윤3월 (1678, 숙종 4)	宣務郎 守成均館典籍	
4		강희 17년 5월 (1678, 숙종 4)	宣務郎 守工曹佐郎	
5		강희 18년 1월 (1679, 숙종 5)	宣務郎 守禮曹佐郎	
6		강희 18년 2월 (1679, 숙종 5)	宣務郎 守禮曹佐郎 兼春秋館記事官	
7		강희 18년 4월 (1679, 숙종 5)	禦侮將軍 行忠武衛副司勇	
8		강희 19년 5월 16일 (1680, 숙종 6)	奉訓郎 兼魚川道察訪	
9	조건曺建	강희 12년 3월 7일 (1673, 현종 14)	折衝將軍	
10	조은도曺殷道	건륭乾隆 57년 12월 (1792, 정조 16)	折衝將軍	
11	조세봉曺世鳳 (조국명의 증조曺國明曾祖)	도광道光 19년 2월 (1839, 헌종 5)	贈 通訓大夫 司僕寺正	통덕랑 通德郎
12	조세봉의 처曺世鳳妻 (조국명의 증조비曺國明曾祖妣)	도광 19년 2월 (1839, 헌종 5)	追贈 淑人	공인 이씨 恭人李氏
13	조협曺霙 (조국명의 조고曺國明祖考)	도광 19년 2월 (1839, 헌종 5)	贈 通政大夫 承政院左承旨 兼經筵參贊官	통덕랑 通德郎
14	조협의 처曺霙妻 (조국명의 조비曺國明祖妣)	도광 19년 2월 (1839, 헌종 5)	贈 淑夫人	공인 김씨 恭人金氏
15	조문식曺文栻 (조국명의 고曺國明考)	도광 19년 2월 (1839, 헌종 5)	贈 嘉善大夫 戶曹參判 兼同知義禁府事 五衛都摠府副摠管	학생 學生
16	조문식의 처曺文栻妻 (조국명의 비曺國明妣)	도광 19년 2월 (1839, 헌종 5)	贈 貞夫人	유인 성씨 孺人成氏

연번	수여자	시기	내용	비 고
17	조국명曺國明	도광 17년 3월 (1837, 헌종 3)	進士二等 第十五人 入格	백패白牌
18		도광 17년 3월 (1837, 헌종 3)	折衝將軍 行龍驤衛副護軍 兼五衛將	
19		도광 17년 3월 (1837, 헌종 3)	折衝將軍 僉知中樞府事 兼五衛將	
20		도광 19년 1월 (1839, 헌종 5)	嘉善大夫	
21		도광 19년 2월 (1839, 헌종 5)	嘉善大夫 行龍驤衛副護軍 兼五衛將	
22		도광 19년 2월 (1839, 헌종 5)	嘉善大夫 同知中樞府事	
23	조국명의 처 曺國明妻	도광 17년 3월 (1837, 헌종 3)	贈 淑夫人	유인 신씨 孺人申氏
24		도광 19년 2월 (1839, 헌종 5)	贈 貞夫人	숙부인 신씨 淑夫人申氏
25	조우영曺祐永	광서光緖 18년 8월 (1892, 고종 29)	贈 童蒙敎官 朝奉大夫	효행孝行
26	조우영의 처 曺祐永妻	광서 18년 8월 (1892, 고종 29)	贈 令人	유인 이씨 孺人李氏
27	조윤묵曺允默	광서 20년 4월 (1894, 고종 31)	進士三等 第七百五十五人 入格	백패白牌 조병태曺秉台
28	조진억曺鎭億	동치同治 4년 4월 (1865, 고종 2)	通德郞 行英陵參奉	
29		동치 5년 10월 (1866, 고종 3)	朝奉大夫 行司䆃寺主簿	
30		동치 8년 7월 (1869, 고종 6)	通訓大夫 行長興庫主簿	
31		동치 8년 11월 (1869, 고종 6)	通訓大夫 行義禁府都事	
32		동치 10년 4월 (1871, 고종 8)	通訓大夫 行景慕宮令	
33		동치 10년 5월 19일 (1871, 고종 8)	通訓大夫 行肇慶廟令	
34		동치 10년 6월 20일 (1871, 고종 8)	通訓大夫 行崇陵令	
35		동치 12년 2월 (1873, 고종 10)	通訓大夫 行宗廟署令	

이 가운데 조위가 시호를 받았던 교지를 살펴보면 이러하다. 이때는 1713년(강희 52) 11월 23일이다. 이로부터 매계문중은 사화

의 겁난을 극복하고 명문가로 자리매김할 수 있었던 것으로 보인다.

> 가선대부嘉善大夫 호조 참판戶曹參判 겸 성균관 대사성兼成均館大司成 오위도총부 부총관五衛都摠府副摠管 조위曺偉에게, 자헌대부資憲大夫 이조 판서吏曹判書 겸 지경연兼知經筵 의금부사義禁府事 홍문관 대제학弘文館大提學 예문관 대제학藝文館大提學 지춘추관 성균관사知春秋館成均館事 세자좌빈객世子左賓客 오위도총부 도총관五衛都摠府都摠管을 증직하고, 시호를 문장공文莊公으로 내린다.

또 하나 교지 가운데 백패白牌에 대하여 언급하고 넘어갈 필요가 있다. 백패를 받았던 조국명은 당시 나이가 88세였다. 도광 17년(1837) 3월 진사시에 2등 제15인으로 입격하면서 백패를 받았다. 그가 진사시에 합격하였을 때 임금의 은혜에 보답하고자 지은 시가 남아 있다. 조국명은 진사시 입격 후 바로 절충장군折衝將軍 첨지중추부사僉知中樞府事 겸 오위장兼五衛將에 제수되었으며, 1839년에는 가선대부嘉善大夫 동지중추부사同知中樞府事 겸 오위장兼五衛將에 제수되었다. 이로 인해 그의 부인을 비롯한 3대가 증직을 받게 되었고, 이때 발급받은 증직 교지들이 전하고 있다.

한편, 그로부터 57년 뒤인 1894년(고종 31) 4월에 조윤묵曺允默(족보명 조병태曺秉台)이 진사시에 3등 제755인으로 입격했다. 그 진사시 답안지가 전하고 있다. 답안지[試紙]는 "문왕작인지효여춘풍文王作人之效如春風 화기소재생휘和氣所在生輝"로 시작되며, "종지춘

의급즉생從知春意及則生 자시주가문물빈自是周家文物彬"으로 끝맺고 있다. 내용인즉슨 주나라 문왕이 인재를 기른[作人] 효험이 봄바람과 같다고 하면서 그의 교화를 봄기운에 견주고, 미인들이 봄날 물가를 따라 마름풀을 따는 모습에서 주나라의 문물의 빈빈함을 알겠다고 했다. 정치가 어떤 모습으로 구현되어야 할 것인지를 논의하고 있다.

아울러 1892년(고종 29)에 조우영曺祐永이 동몽교관童蒙教官 조봉대부朝奉大夫로 추증될 때, 그의 아내 유인孺人 이씨李氏도 영인令人으로 증직을 받았다. 현재 분황지가 남아 있는 것으로 보아, 혹여 분황례를 하지 않았나 하는 의문도 든다. 분황례는 선조先祖가 증직을 받았을 경우 국가에서 내린 교지의 부본副本인 누런 종이를 불사르던 의식이다.

3) 가승家乘 및 묘지석

가승은 한 가문의 내력을 적어 놓은, 이른바 통서의 기록이다. 혹자는 특정 집안의 전유로만 생각할 수도 있겠지만, 가문의 내력에는 당대 역사가 들어 있기도 하다. 창녕조문의 가승들은 대부분 한국국학진흥원에 보관되어 있다. 그 목록을 들면 다음과 같다. 현전하는 자료를 보면 20세기에 들어와서 가승이 본격적·체계적으로 정리되어 간행된 듯하다.

『창녕조씨세계昌寧曺氏世系』

1책의 필사본이다.

『창녕조씨족보昌寧曺氏族譜』 을편乙編

1권 1책[零本]의 목활자본이다.

『창녕조씨종중규약昌寧曺氏宗中規約』

김산 봉계 종회소金山鳳溪宗會所에서 발행된 불분권 1책의 목판본이다. 1911년에 발간했다.

『창녕조씨가첩昌寧曺氏家牒』

조맹승曺孟承이 편찬하고, 조석근曺錫瑾과 조윤환曺允煥이 발행했다. 상하 1책의 신연활자본新鉛活字本이다. 조우진曺羽振의 서문(1925)과 조병태曺秉台의 서문(1924)이 있다. 「신해보」의 서문은 조영근曺永謹과 조희승曺禧承(갑인)·조두환曺斗煥(갑인)이 지었고, 「계유보」의 서문은 최석정崔錫鼎(1693)·오도일吳道一(1693)·조건曺建 등이 지었으며, 「정해보」의 서문은 조명억曺命億(1767)과 조임曺霖(1767)이 지었고, 「갑술보」의 서문은 조석여曺錫輿(1880)가 지었다. 통영의 경남인쇄소에서 발행했다.

『창녕조씨호남종회 제1회 평의원회의록昌寧曺氏湖南宗會第一回評議員會議錄』

조병학曺秉鶴 등이 지었다. 불분권 1책의 신연활자본이다. 오일창吳一滄이 1936년에 광주에서 발간했다.

『창녕조씨 찬성공파 파보昌寧曺氏贊成公派派譜』

조대승曺大承 등이 편찬했다. 6권 5책의 신연활자본이다. 「경자보」의 서문은 조인환曺仁煥(1960)이, 「계유보」의 서문은 최석정崔錫鼎(1693)과 조건曺建이, 「정해보」의 서문은 조명억曺命億(1767)과 조임曺霖(1767)이, 「갑술보」의 서문은 조석여曺錫輿(1880)가, 「신해보」의 서문은 조시영曺始永(1911)·조희승曺禧承(1914)·조두환曺斗煥(1914)이, 「기묘보」의 서문은 조경승曺璟承(1939)·조세영曺世永(1939)이 지었다. 1960년에 발간되었다.

『전라남도 승주군(순천) 낙안면(구군) 남내리 노인당지全羅南道昇州郡(順天)樂安面(舊郡)南內里老人堂誌』

조규태曺圭泰 등이 편찬했다. 불분권 1책의 신연활자본이다. 보성군의 신양원申良元이 1961년에 발간했다.

『창녕조씨세보昌寧曺氏世譜』

조경우曺璟佑가 편찬했다. 조성진曺性振이 통영의 청산인쇄소에서 발간했으며, 조성진의 서문(1962)이 있다. 불분권 1책의 신연활자본이다.

『일원지一源誌』

조영환曺榮煥이 편찬하고 조병제曺秉濟가 발행했다. 불분권 1책의 신연활자본이다. 서문은 조병제가 썼다. 창녕조씨 대동종안昌寧曺氏大同宗案이다.

이 밖에 특기할 만한 문헌이 두 가지 더 있다. 하나는 소지所志이고 하나는 묘지墓誌인데, 모두 창녕조문의 특징으로 꼽을 수 있는 '효'와 관련되어 있다. 앞서 세현에서도 언급한 바 있지만, 창녕조문의 효에 대한 진심은 거듭 강조해도 지나치지 않을 듯하다. 소지所志는 옛사람들의 생활 속에서 일어난 일들 중에, 관부의 결정과 도움을 필요로 한 모든 종류의 민원에 관한 문서이다. 그 내용이 아주 다양한데, 많은 경우 소지를 올린 사람들의 이해관계와 직결되기에 가문에서도 잘 보관한다. 그래서 현존하는 고문서 가운데 토지문기土地文記 다음으로 많다. 창녕조문의 소지로 확인되는 것은 10점 정도이다. 이 가운데 1828년 1월에 조문식曺文栻의 효자 정려孝子旌閭를 위해, 진사 이우세李愚世, 정문선鄭文善, 이상모李相謨 등 103명이 연명하여 경상도 관찰사에게 올린 의송議送이 전한다. 병중에 있는 조문식의 어머니가 식음을 전폐하자, 아무것도 생산되지 않는 1월임에도 황감黃柑을 구하는 효행이 있었다는 내용이 기재되어 있다.

한편, 2001년 6월, 김천시 대항면 복전리 산1-1 마암산의 창녕조씨 선영이 자리한 묘소에서 귀한 묘지석이 하나 나왔다. 상석 밑에 곱게 감추어져 있던 석비가 세상의 빛을 받는 순간, 창녕조문 후손들은 너무도 놀라서 감격해 마지않았다. 조위의 친필이었다. 조위가 모친을 위해 친필로 새겨서 갈무리했던 묘지였던 것이다. 묘소 주인인 문화류씨는 울진 현령 조계문의 부인이자 조위의 어머니로서 김종직의 장모였다. 류씨는 1459년(연산군 원년)에 향년 69세의 나이로 세상을 떠났다. 조위는 어머니가 일생 동안 많은 부덕婦德을 남긴 것이 없어질까 봐 걱정하였다. 그래서 어머니의 숨은 덕행을 드러내고 먼 후세에 길이 남기고자 이 묘지명 지석을 조성하였다고 했다. 그와 절친한 홍귀달洪貴達에게 부탁하여 묘지명을 지었고, 돌에 직접 묘지명의 글씨를 새긴 후 묘소 앞 상석 아래에 묻었다. 그 내용의 일부를 들어 본다.

> 찬성 류흡柳洽은 류문柳汶을 낳았는데, 그는 행주기씨를 아내로 맞이하여 부인(문화류씨)을 낳았다. 부인은 증 가선대부 이조참판 창녕조씨 조계문에게 시집을 와서 아들 하나를 낳았으니 '조위'이다. 그는 문장에 능하여 이른 나이에 급제하였고 성종조에 크게 지우를 입었다. 지금 벼슬은 전라도 관찰사에 이르렀다. 부인은 선덕 정미에 태어나 향년 69세를 사시다가 홍치 을묘 10월 기미에 김산 봉계리 집에서 졸했다. 이부吏部는 은례에 따라 정부인으로 추증할 것을 요청했다.[贊成生諱汶 聚幸州奇氏生夫人 夫人適贈嘉善大夫 吏曹參判昌寧曺氏諱繼文 生一男曰偉 能文章 早歲登第 大遇知成宗朝 今官至全羅道觀察使 夫人生於宣德丁未 享年六十九 弘治乙卯十月己未 卒于金山鳳溪里第 吏部用恩例 請贈貞夫人]
>
> –「유명 조선국 정부인 류씨지묘有明朝鮮國貞夫人柳氏之墓」

정부인 문화류씨 묘소

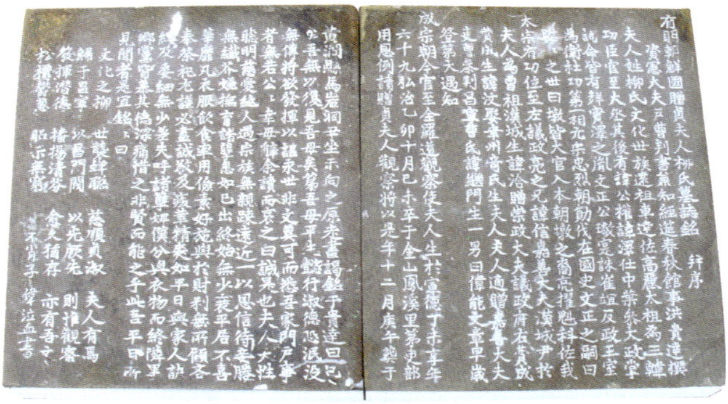

정부인 문화류씨 묘지명 지석(김천 매계문중 제공)

어머니를 위하는 조위의 효심이 세상에 드러난 순간은 하나의 기적이었다. 창녕조문의 효성은 이런 기적을 낳으며 오랫동안 가풍으로 이어져 오고 있다.

제3장

정신
-조위를 중심으로

정신 - 조위를 중심으로

1 매계 조위의 삶에 대하여

북으로 돌아갈사 한식도 가까운데	北歸寒食近
반 이상 봄빛을 두루 보았노라.	强半閱韶華
물 위로 뾰족하게 어린 묘는 날카롭고	針水稚苗剡
허공에 드리워져 가랑비가 비스듬하네.	垂空細雨斜
창밖이 밝아 의당 시구 찾을 만하고	晴窓宜覓句
술은 담박하여 정녕 차를 끓여야 하네.	薄酒當煎茶
모로 눕자 서쪽의 해가 떨어지나니	側臥倒西日
꼬리 흔드는 저녁 까마귀를 보노매라.	畢逋看暮鴉

-「점필재 김 선생의 시에 받들어 화운하다[奉和佔畢齋金先生韻]」,
『매계선생문집』 권1

조위曺偉는 자가 태허太虛요, 호가 매계梅溪로서 시호가 문장文莊이다. 김천 봉계 입향조인 조심曺深의 손자요, 조계문曺繼門의 아들이다. 조계문은 하빈이씨河濱李氏와의 사이에서 딸을 두었는데, 그녀가 김종직金宗直에게 시집을 갔다. 조계문은 류문柳汶의 딸인 문화류씨文化柳氏와의 사이에서 조위를 아들로 두었다. 한편 조계문은 민씨閔氏와의 사이에서 아들 조윤曺倫·조전曺佺·조신曺伸과 딸 셋을 두었다. 조윤은 선략장군, 조전은 효력부위, 조신은 사역원 정을 지냈다. 첫째 딸은 최송수崔松壽, 둘째 딸은 김시종金諟種, 셋째 딸은 최맹준崔孟濬에게 시집갔다. 한편, 조위는 현감 신윤범申允範의 딸과 혼인했지만 후사가 없어 양자를 들였는데, 이가 조사우曺士虞이다. 또한 평양김씨平壤金氏를 맞았지만 혈손이 없었다.

매계 조위 초상화(김천 매계문중 제공)

1) 봉계, 수학 그리고 급제

이제 조위의 행력을 따라가 보자. 가능하면 주요한 이력을 좇아가도록 한다. 그는 1454년(단종 2) 7월 10일에 김산金山 봉계리鳳溪里에서 태어났다. 어릴 때 이름은 오룡五龍이었다. 5세 때 서제인 조신과 같이 공부를 시작했다. 10세가 되던 해의 가을에 매형인 김종직에게 수학하였다. 그 이듬해(1463년, 세조 9) 가을에 상경하여 종숙부從叔父 조석문曺錫文의 집에 유숙하며 수학하였다. 3년 뒤, 14세가 되던 해의 10월에 울진 현령으로 부임하는 부친을 따라 내려왔다. 그의 나이 17세 3월에 강릉에서 독서하였고, 5개월 뒤인 8월에 서울로 돌아왔다. 18세가 되는 해(1471년, 성종 2) 8월에 생원시와 진사시의 초시初試 삼장三場에서 모두 1등으로 합격하였다. 이듬해 1월(1472년)에 사마복시司馬覆試 양장兩場에 합격하였다. 그해 8월에 김종직·유호인兪好仁 등과 함께 두류산頭流山을 유람하였다. 그리고 1473년에 성균관에서 수학하며 관시館試에 합격하였다.

2) 두시언해杜詩諺解와 점필재집佔畢齋集

1474년(성종 5) 봄에 식년문과 병과에 합격하고 승문원 정자承文院正字가 되었다. 그해 겨울에 신씨와 결혼했다. 이후 예문관 검열이 되었다. 이듬해에 김산으로 귀근歸覲을 왔는데, 조모상을 당하였다. 3월에 상경했다가, 10월에 한림연翰林宴에서 견책을 받고 다시 김산으로 내려왔다. 그해 12월에 김산 능여사能如寺에서 조신과 같이 글을 읽었다. 그 이듬해(1476년)에 23세가 되었고, 그해

6월에 채수蔡壽·권건權健·허침許琛·유호인·양희지楊熙止 등과 같이 장의사藏義寺에서 사가독서賜暇讀書를 했다. 1477년(성종 8) 1월에 홍문관 정자弘文館正字가 되었다. 이때 왕명으로 「독서당기讀書堂記」를 지어 올렸다. 그해 봄에는 채수·안침·성현 등과 함께 송도를 유람하며 수창하였고 「송도록松都錄」을 남겼다. 8월에 충간공 조석문의 상을 만났다. 해가 바뀌어 25세가 되었을 때, 3월에 홍문관 저작弘文館著作이 되었고, 7월에 박사가 되었다. 이때 조석문의 행장을 짓고 신도비를 세웠다. 1479년 5월에 부수찬副修撰이 되었다가, 그해 9월에 영안도 경차관永安道敬差官으로 나갔다. 이듬해 8월, 포쇄관曝曬官으로 성주星州에 가던 도중에 밀양에서 김종직을 찾았다. 1481년 3월에 원접사遠接使 강희맹姜希孟의 종사관이 되었다. 8월에 반송사伴送使 종사관으로 관서에 가서 변경의 농사일을 살펴보았다. 12월에는 왕명으로 유윤겸柳允謙 등과 함께 완성한 『두시언해杜詩諺解』의 서문을 지었다. 1482년(성종 13) 7월에 지평持平이 되었으나, 8월에 사직하고 고향으로 내려왔다.

30세가 되던 1483년에 시강원 문학侍講院文學이 되었고, 그해 10월에 종사관이 되어 중국 사신을 전송하였다. 사신과 같이 왔던 중국 문사 갈귀葛貴를 신종호申從濩와 함께 접빈했다. 이듬해 5월에 응교應敎가 되었는데, 8월에 부모 봉양을 위해 함양 군수가 되었다. 1485년에 「세초시歲杪詩」를 지어 올려서 서책과 미두米豆를 하사받았다. 1489년, 그의 나이 36세에 부친상을 당했다. 5월에 황간黃澗 마암산馬巖山에 부친의 장사를 지냈다. 1491년 2

월에 복服을 마쳤고, 5월에 의정부 검상檢詳에 제수되었다가 승정원 동부승지同副承旨까지 올랐다.

1492년(성종 23) 3월에 채수·권건 등과 같이 장의사를 유람했다. 그리고 그해에 도승지都承旨가 되었고, 같은 해 가을에 김종직의 상을 당했다. 이듬해인 1493년 6월에 호조 참판이 되었고, 왕명으로 김종직의 시문을 편집했다. 이후 정석견이 이를 토대로 『점필재집』을 간행한다. 그리고 조위는 같은 해 8월에 정조사에 제수되었으나 부모님이 늙었다는 이유로 사직하고 김산으로 내려왔다. 이때 매계당梅溪堂을 지었다. 이듬해 1494년 충청 감사가 되었다.

3) 겁난과 신원, 그리고 '문장文莊'

1495년(연산군 4) 4월에 한성 우윤漢城右尹이 되었고 곧 대사성大司成이 되었다. 7월에 김산으로 내려왔다가, 8월에 전라 감사가 되었다. 10월에 모친상을 당했고, 12월에 마암산에 모친의 장사를 지냈다. 1498년 2월에 동지중추부사同知中樞府事가 되었다. 4월에 성절사聖節使가 되어 조신曺伸과 같이 중국에 갔다.

그러나 9월에 중국에서 귀국하던 중에, 조위는 김종직의 문인이자 그의 시문을 편찬한 인물이라는 이유로 의주義州로 유배되었다. 이듬해 1499년(연산군 5) 여름에 유배지에 규정葵亭을 짓고 기문을 썼다. 이듬해 5월에 순천으로 이배되었고, 이곳에서 김굉필

순천 임청대(김천 매계문중 제공)

金宏弼과 같이 도의를 강론했다. 48세가 되던 1501년에 임청대臨清臺를 세우고 기문을 지었다. 그리고 이때 우리나라 유배 가사의 효시인 「만분가萬憤歌」를 지었다.

50세가 되던 1503년(연산군 9) 11월 26일에 유배지에서 병으로 졸했다. 이듬해인 1504년 3월에 황간 마암산에 묻혔다. 그러나 11월에 사화에 연루되어 부관참시剖棺斬屍를 당하였다.

1507년(중종 2)에 신원되어 이조 참판으로 추증되었다. 1518년에 조신이 조위의 묘소에 표석을 세웠다. 1527년 2월에 조위의 부인 신씨가 졸했다. 1708년(숙종 34)에 순천 유생들의 상소로 조

매계 조위 묘소(김천 매계문중 제공)

위는 이조 판서에 증직되었다. 이때 '문장文莊'이란 시호를 받았다. '문文'은 공부에 부지런하고 문의問議를 좋아한다[勤學好問]는 취지로, '장莊'은 바른길을 걷고 화해에 뜻을 두었다[履正志和]는 뜻으로 하사받은 것이다.

조위의 삶을 차근하게 보면, 봉계에서 공부하면서 김종직을 만난 점, 과거 급제 이후 청직을 중심으로 세상에 적극 참여하였던 점, 왕명에 따라 스승인 김종직의 문집을 편집한 것이 오히려 화근이 되어 부관참시라는 비극을 마주하게 된 점이 눈에 들어온다. 그는 김종직에게 글을 배워 도학적 사유로 자신의 학문적

연원을 숙성시켰고, 성현成俔이나 허균許筠 등으로부터 고평을 받을 만큼 시를 잘 지었던 감성적인 인간이었다. 이처럼 조위는 굴곡진 삶을 살면서도 자신의 마음을 수양하여 세계를 새롭게 볼 수 있었고, 성세를 살아가는 정직하고 당당한 선비의 모습을 지녔으며, 나아가 조선 전기 시학사에서 가장 빛나는 작품인 『두시언해』 작업에 참여하였다. 여기서는 가급적 매계의 목소리를 직접 듣는 방식으로 그의 정신에 접근하고자 한다. 이 정신세계에는 뒷날 매계문중이 지닐 인문적·인간적 고갱이가 들어 있다.

정신 - 조위를 중심으로

2 도학과 마음, 그리고 매화

조위가 김종직과 인척이 된 것은 아버지 조계문의 첫 번째 부인인 이씨의 소생이 김종직에게 시집갔기 때문이다. 그런데 조위와 김종직이 학문적으로 인연을 맺게 된 것은 조위가 10세 때 김종직을 찾아가면서였다. 그 기간은 그리 길지 않았다. 조위가 조석문에게 본격적으로 수업을 받은 뒤 학문의 길에 들어서기 때문이다. 그러나 그는 1471년 생원 진사에 급제하고 1472년 사마복시에 합격한 뒤에, 부모님과 조석문에게 인사하고 곧장 함양 군수로 있던 김종직을 찾아갔다.

이처럼 조위는 김종직에게 오랜 기간 직접 배운 것은 아니었지만, 수시로 그로부터 학문적 가르침을 받았다. 다음은 정호鄭澔

의 기억이다.

> 선생은 타고난 자질이 인후하며 재주와 행실이 매우 뛰어났다. 어려서 김종직의 문하에 제자로 들어가 김굉필·정여창과 같은 어진 이들과 처음부터 끝까지 서로 가깝게 지냈다. 벼슬을 하여 성종조의 성세를 만나서는 옥서玉署에서 눈부신 활약을 하여 명성도 대단하였다. 바람과 구름이 절묘하게 만난 것처럼 천 년에 한 번 만날까 말까 하는 경우라 하겠다.[先生天資仁厚 才行卓絶 少束脩佔畢齋之門 與寒暄一蠹諸賢 終始麗澤 釋褐當成廟盛際 金華玉署 聲譽藹蔚 風雲契遇 可謂千載一時]
>
> – 정호鄭澔, 「매계선생문집서」

정호에 의하면 조위는 김굉필·정여창 등과 같이 김종직의 제자 반열에 서 있었다. 조신은 아예 김종직의 탄사를 노골적으로 곁들여 놓았다.

> 공(조위)은 천성이 인후하고 실천이 독실하며, 경사를 논의하되 투철하지 않음이 없었다. 김종직 공이 일찍이 말하기를, '내가 태허와 강학할 때면 강하를 터뜨린 듯 거침없었다. 태허는 나의 스승이다, 스승이다, 스승이다.' 라고 하였다. 운운.[公天性仁厚 踐履篤實 談經論史 無不透徹 畢公嘗曰 吾與大虛講學 若決江河 太虛我師也 師也師也也云]
>
> – 조신, 「선생행록」

그럼, 이렇게 김종직과 사제로 만난 것은 조위에게 어떤 흔적을 남겼을까? 시를 읽으면서 조위의 사유에 들어 있는 도학적 논리를 확인해 보자. 먼저 「책을 보며 자신을 경계하다」를 보도록 한다.

그때 마음을 허비하던 것 후회하나니　　悔却當年枉費心
먼저 마음을 바루는 게 좋은 경계라.　　心源先正是良箴
싹이 우산의 나무와 같지 않음이 없나니　　非無萌蘗如山木
그저 소나 양이 나날이 달려들까 두렵네.　　祗恐牛羊日日侵

-「책을 보며 자신을 경계하다[觀書自警]」, 『매계선생문집』 권1

조신에 의하면, 조위는 심학心學에 대해 쓴 글들이 제법 많았지만 화변을 만나면서 모두 잃었다고 한다.[瑣錄曰 先生平生心學吟詠者甚多 而先生歿後 搜集以爲傳後之計 而不幸皆失於禍變中 只記兒時所作五六絶 亦可見所造淺深] 그러니 이 시는 귀한 시에 들어갈 듯하다. 한참 경서를 공부하던 젊은 시절의 작품으로 보인다. 시의 주요한 대상은 심心이다. 시에서 조위는 제1구의 '왕비枉費'를 후회하고 있다. 학문을 어디에 쏟을 것인가에 대해 고민하고 있는 것이다. 제2구에서 그에 대한 처방을 내린다. 행을 바꾸자마자 해결책을 내놓는 것은 공부에 대한 절실함을 보여 준다. '선정先正'의 대상인 '심원心源'은 즉 마음이다. '원源'이 있으니 근원의 의미도 갖고 있다. 근원이 되는 마음을 우선 바르게 가지는 것, 이것이 바로 좋은 경계요 가르침이다.

제3~4구는 『맹자』「고자告子」 상에 나오는 비유를 원용했다. 맹자는 사람이면 누구나 기본적으로 인의仁義의 양심을 지니고 있는데, 그 마음을 자꾸 해쳐 잘 보전하지 못하는 것이 마치 제齊나라 우산에서 자라는 질 좋은 나무가 나무꾼의 계속적인 침해를 받아 베어지고, 그나마 밤사이에 자란 싹조차 방목하는 소나 양에게 뜯어먹혀 완전히 없어지고 마는 경우와 같다고 하였다. 이처럼 눈에 보이지 않는 형이상학의 세계에 대하여 진지하게 모색하는 것은 신유학의 몫이었다. 조위는 이렇게 도학과 만나고 있었다.

옛날 미언微言에 어두워 벽을 마주한 듯했는데	昔昧微言面壁立
오늘 시훈詩訓을 보니 선단善端이 열리누나.	今觀詩訓善端開
이 마음 환하기가 이 창문을 밀친 듯하니	此心洞若排斯牖
밝은 물줄기가 근원에서 하염없이 흐르도다.	活水源頭潑潑來

-「주자의 '죽창시'에 삼가 차운하다[敬次朱子竹窓韻]」, 『매계선생문집』 권1

조위는 이제 직접 주희와 만나고 있다. 제2구의 '시훈詩訓'은 주희의 시로서 원제가 「범석부의 '경복사의 스님이 창을 열다'에 차운하다[次范碩夫題景福僧開窓韻]」이다. 이 시는 마음공부에 대하여 노래하고 있다. 그 시의 제3~4구를 보면, "이 마음이 만약 통하거나 막히는 것 없다고 말한다면, 밝고 어두움이 무엇을 말미암아 오가겠는가.[此心若道無通塞, 明暗何緣有去來.]"라고 했다. 내용인즉슨 마음이 통색通塞을 지녔기에 세상에 대하여 명암을 갖게 되었다는 것이다. 근원은 마음인 것이다. 만일 마음이 막히면 어두울 것이요, 통하면 밝아지리라. 이 시의 제3구는 바로 이것을 말하고 있다. '차심此心'과 '사유斯牖'가 서로 비유의 관계이다. 마음이 환해짐과 창문을 밀어 엶을 견주어서, 늘 마음이 깨어 있기를 바라고 있다.

이런 마음공부를 통하여 도달한 맑은 경계를 조위는 매화로 그려 낸 듯하다. 매화를 사랑하여 스스로 자신을 '매계梅溪'라고 불렀고, 자신이 머무는 곳을 '매당梅堂'이라고 했으며, 그에 대한 기문을 홍귀달에게 부탁했을 정도였다. 그의 매화시를 하나 들어 본다. 시적 비약을 허용할 수 있다면, 조위가 도학과 만나서 이뤄 낸 마음의 심미적 경계가 매화의 암향소영暗香疏影일지도 모를 일이다.

강산이 마치 그림 속에 열린 듯하거니	江山如在畫中開
휘어지며 아로새긴 난간에 먼지 하나 없구나.	曲檻雕欄絶點埃
섬아에게 찼는지 이지러진 건지 묻지 말지니	莫向纖阿問圓缺
이미 성긴 그림자에 은은한 향기가 오도다.	已將疏影暗香來

-「매월루梅月樓」 제3수, 『매계선생문집』 권1

이 시는 시간의 역순으로 전개되고 있다. 먼저 제3구로부터 이야기를 시작하자. 제3구의 '섬아纖阿'는 달의 별칭이다. 예전에 후예后羿가 서왕모西王母에게 불사약을 구해 얻었는데, 그가 미처 불사약을 복용하기도 전에 후예의 처인 항아가 몰래 훔쳐 먹고는 달로 도망쳐서 월선月仙이 되었다는 설화가 있다. 그녀가 바로 섬아다. 달이 뜬 밤에 먼지 하나 없이 깨끗하게 세상이 열려 있다. 그래서 그림처럼 열려 있는 강산을 확인하게 되었다. 강산은 늘 이곳에 있었다. 그러나 빛이 있으면 존재가 확인되고 빛이 없으면 보이지 않는다. 보이고 보이지 않고가 바로 빛의 존재 여부에 달려 있는 것이다. 그래서 달빛이 관건이 된다. '절점애絶點埃'는 지고지순한 순수의 세계이다. 그 달이 찼는지 이지러졌는지는 문제가 되지 않는다. 빛이 있는가의 여부가 긴요할 뿐이다.

그런데 달빛을 자각하게 된 것은 뜻밖에도 '소영疏影'과 '암향暗香' 때문이다. 즉 매화가 알려 준 것이다. 매화는 직접 등장하지 않는다. 그림자와 향기로 다가올 뿐이다. 성긴 그림자가 지니 빛이 있음을 암시해 주고, 향기가 있으니 무언가 존재함을 넌지시 일깨워 준다. 그 순간 달이 빛을 뿌린다. 그리고 그 달빛을 확인하는 순간, 새로운 세계가 열린다. 우리의 곁에 있던 아름다운 세계는 내가 그 아름다움을 볼 수 있을 때에만 나타난다. 마음의 눈이 열릴 때, 강산은 그제야 그림같이 아름답게 내 앞에 모습을 드러내는 것이다. 그 마음의 눈을 열도록 나를 유도한 것은 바로 매화였다. 이처럼 조위에게 매화는 마음공부의 또 다른 메타포가 아니었을까? 조위가 도학과 만나서 마음을 수양해 도달하였던 세계는 이런 것이리라.

정신 - 조위를 중심으로

3 성세의 서정과 「두시서杜詩序」

조위가 17세의 나이에 지은 시를 읽는 것으로 논의를 시작하도록 하자. 이 시에는 조신의 주기註記가 있어서 창작 연대를 분명하게 알 수 있다. 연보까지 참조하면, 조위는 1470년 3월부터 강릉에서 독서를 하다가, 8월에 울진 현령으로 있던 부친을 뵌 뒤 다시 강릉을 거쳐 서울로 올라간 것으로 되어 있다. 시제는 「길을 가다가 우연히 읊다」이다.

그날 보잘것없는 나는 구름 탄 용을 꿈꾸며	小儒當日志雲龍
서쪽으로 장안을 보는데 길은 끝이 없었네.	西望長安路不窮
옹자는 이제부터 궐하로 돌아가나니	翁子從今歸闕下
계응이 어찌 오중을 그리워할 수 있을까나.	季鷹那得憶吳中

높은 소나무의 학은 천 산의 달을 꿈꾸고　　松高鶴夢千山月
넓은 바다의 붕새는 만 리 바람을 타도다.　　海闊鵬翔萬里風
하늘가로 고개 돌리니 마음은 더욱 느껍고　　回首天涯心更感
흰 구름 어드메가 관동일런고.　　白雲何處是關東

–「길을 가다가 우연히 읊다[途中偶吟]」, 『매계선생문집』 권2

작자인 조위가 소년 시절부터 품어 왔던 포부와 자신의 앞길에 대한 낙관적인 태도가 잘 드러나 있다. '운룡雲龍'은 구름을 탄 용으로 청운의 꿈을 뜻하고, '장안長安'은 그 꿈을 실현할 장소이다. 시인은 '서망西望'에서 오랫동안 희망을 키워 왔음을 말하고 있다. 제1~2구에서 이처럼 속내를 거침없이 드러내는 것을 눈여겨볼 필요가 있다. 자신감의 표현이기 때문이다. 시인은 제2구에서 '장안長安'을 드러낸 뒤, 제3구에서 제6구까지 그곳에서 어떤 모습으로 살아갈지를 그리고 있다. '옹자翁子'는 주매신朱買臣의 자이고 '계응季鷹'은 장한張翰의 자이다. 주매신은 적극적으로 환로를 추구한 사람이고 장한은 세속을 멀리하며 초탈하고자 한 사람이다. 조위는 주매신이 궐하闕下로 귀착하고 있음을 들면서, 장한에게 그가 말로는 고향에 은거할 것이며 그곳을 그리워한다고 하지만 과연 그럴 수 있을지 모르겠다는 의문을 제기한다. 사실 옹자와 계응은 조위 내면의 두 자아이다. 환로와 귀거래 사이를 오가되, 조위는 이를 모두 환로를 향한 의지로 귀결시키고 있다. 제5구의 학鶴이든 제6구의 붕鵬이든 모두 웅지를 펼치려는 시인 자신을 대변하는 의상意象들이다.

지금 조위는 강릉에서 상경하는 길이다. 그래서 제7구의 '회수回首'는 자신이 떠나온 곳을 돌아보는 행위일 것이다. 포부를 펼치러 떠나는 젊은이의 마음은 더욱 느꺼워진다. '심갱감心更感'은 떠나온 곳에 대한 아쉬움을 누르고 뜻을 펼쳐 보겠다는 웅걸한 의지가 엿보이는 구이다. 제8구는 서글픈 마음을 표현하지만, 이미 마음은 상경하고 있는 터이기에 이 서글픔이 눈물을 흘리는 데까지 이르지는 않는다. 17세 청년의 포부는 그 이듬해부터 4년 사이에 문과 급제까지 이뤄진다.

나는 조위의 이런 모습을 성세를 마주한 청년 지식인으로서 지녔던 자연스러운 야망으로 이해한다. 흔히 환로나 사환에 대한 의지를 세속적 물욕으로 이해하곤 한다. 그러나 조위의 시대는 달랐다. 성종조 선비들은 드디어 자신들이 학문으로 다져 왔던 것을 실현할 수 있는 때를 맞이한 것이다. 조위가 성세에서 사환을 통해 구현하려던 것은 무엇이었을까? 조위가 강화를 방문하였을 때 쓴 회고시 하나를 들어 본다.

마니의 산빛, 푸르게 솟았거니와	摩尼山色翠嶙峋
외로운 성에 피난하여 사십 년이라.	駐蹕孤城四十春
임금을 바닷가에 머물게 할 수 있으랴	可使翠華留海嶠
전쟁터에 버려진 백골에 마음 아프노라.	傷心白骨委兵塵
봄바람 불자 보리싹이 천궐에 오르고	春風麥秀升天闕
달이 뜨자 안개가 갑곶진을 가로지르네.	夜月煙橫甲串津
어이 하필 권간權奸만이 건장하였더뇨	豈必權奸能獨健

그때 벼슬아치 가운데 사람 없음이 부끄러워라.　當時肉食愧無人

–「강도 회고江都懷古」, 『매계선생문집』 권2

고려가 몽골의 침입을 피해 강화도로 천도하였던 것을 소재로 쓴 시이다. 마니산은 강화도를 대유하였다. 그런데 그곳에서 40년을 지나왔다. 제3~4구는 가장 버거운 시대상을 보여 준다. 과연 임금을 바닷가에 머물게 할 수 있느냐, 이것이 말이 되느냐는 반문이다. 제4구는 직접적으로 전쟁터에서 스러져 간 사람들을 차마 그대로 지나칠 수 없다는 속마음을 표현하고 있다. 인사의 서글픔을 이야기하다가 제5~6구에서 황폐한 풍경과 소슬한 진지陣地를 보여 줌으로써, 지금 이곳이 삭막한 곳이 되어 버렸음을 표현했다. 제7~8구에서는 자신의 의론을 전개한다. 당시 권간들은 건재할 수 있었건만, 그들 누구도 이런 상황을 타개해 나가지 않았음에 부끄러워하고 있다.

이처럼 조위는 역사를 통해 시대 문제를 풀 수 있는 인재에 대한 희망을 다지기도 한다. 조위가 당시에 다른 친구들과 이런 역사관을 공유하였는지는 확실하지 않다. 다만 조위가 현실의 부조리를 해결하려는 의지를 내보였음을 확인하면 된다. 다음 시도 그러하다. 더 직접적으로 민생의 문제를 거론하고 있다. 「구황」이란 시이다.

눈앞의 굶주린 백성을 거둘 수 있겠지만　眼中捐瘠可能收
한 말에 천 전이라 쉽게 생각하지 못하네.　斗粟千錢不易謀

조서 고치기는 뉘 도위 급암과 같으리오	矯制誰同汲都尉
백성 살리기는 응당 청주 부열을 본받을지라.	活民當法傳青州
비록 가절佳節의 꽃이 바다처럼 많다 하나	縱然佳節花如海
가난한 집에 보리 아직 여물지 않았으니 어찌할까나.	其奈窮閻麥未秋
어이 구름 닿도록 쌀을 수레에 쌓아서	安得連雲車載米
모두 백성더러 아름답게 배부르게 하리오.	盡教黔首飽休休

– 「구황救荒」, 『매계선생문집』 권2

이 시는 뜻도 분명하다. 백성을 향한 강한 책임감, 자신이 직접 성세를 보필해야 한다는 다짐 등을 노래한 것이다. 함양 군수 재직 시절 목민관으로서의 고뇌를 뚜렷하게 보여 준다. 백성들이 보릿고개에 힘들어하던 무렵, 군수 된 자로서 마땅한 해결 방법을 찾지 못하는 안타까움을 표현하였다. 제3구의 '급암汲黯'과 제4구의 '부열傅說', 제5구의 '가절화佳節花'와 제6구의 '궁려맥窮閻麥'이 짝을 이루는데, 제3~4구는 모두 신하로서 목민을 잘했던 인물들을 나란히 견주되 표현 방법을 반어와 당위로 제시하였고, 제5~6구는 상반된 소재를 내보이며 긴장 관계를 고조시켰다. 다행히도 군수 재직 3년 만에 백성들의 상황이 나아졌지만, 조위에게 세상의 난제를 해결하는 것은 자신의 책무였다. 이처럼 지식인으로서 책임감과 헌신 의지, 부조리한 현실을 바로잡겠다는 자신감은 성세를 살아가는 조위에게서 제법 많이 나타난다. 이른바 속세에 대한 회피나 은거의 의지는 그다지 보이지 않는다.

한편, 조위는 23세가 되던 1476년에 사가독서賜暇讀書를 하사받았던 것을 자랑스러워했다. 당시 사가독서에 참여했던 사람들은 채수蔡壽·권건權健·허침許琛·유호인兪好仁·양희지楊熙止 등으로 장의사藏義寺에서 같이 공부하였다. 당시 김종직은 이들에게 시를 주어 공부의 방향을 당부하고 있는데 제6수가 흥미롭다. 김종직의 시를 들어 본다.

분분하게 사부로 각자 자웅을 다투지만　　詞賦紛紛各鬪雄
예부터 오직 두릉옹만 있었다네.　　古來只有杜陵翁
그대들 사무사思無邪 편을 되풀이 읽고　　憑君三復無邪頌
달과 이슬, 바람과 꽃은 눈에서 비우시게.　　月露風花眼底空

– 김종직, 「장의사에서 사가독서하는 이들에게 준 시[呈藏義寺讀書諸公]」, 『점필재집佔畢齋集』 시집 권12

김종직은 두 가지 텍스트를 제시하고 있다. 하나는 두보이고, 다른 하나는 『시경』이다. 그리고 음풍농월하는 것은 이제 잊으라고 하였다. 두보와 『시경』을 통하여 시학적 기준을 새로 정립할 것을 젊은 학자들에게 당부하고 있는 것이다. 이후 유윤겸柳允謙 등을 비롯하여 두보의 시를 언해하는[杜詩諺解] 작업을 수행하였고, 조위는 왕명을 받아 그 서문을 썼다. 관방 차원에서 두보의 시에 대한 언해 작업이 이뤄진 것도 성세의 또 다른 풍경이다.

조위의 서문을 들어 본다. 이해를 돕기 위해 번역문을 나누어 제시한다. 이는 조위가 정리한 시학사이기도 하다. 이 서문은 『매계선생문집』 권4에 「두시서杜詩序」라는 제목으로 수록되어 있다.

① 시의 난해

시는 『시경』과 「이소」 이후로 흔히 이백과 두보를 최고로 일컫는다. 그러나 원기가 온통 흐릿해지고 시어가 어려워지더니, 주석서가 많아도 사람들은 더욱 이해하기 어려움을 병통으로 여겼다.[詩自風騷而下 盛稱李杜 然其元氣渾茫 辭語艱澁 故箋註雖多 而人愈病其難曉]

② 언해령

성화 신축년(1481, 성종 12) 가을, 임금께서 홍문관 전한 유윤겸柳允謙 등에게 명하셨다. "두보의 시는 주석서가 상세하다. 그러나 두시에 대한 회전은 자세하지만 잘못하여 생긴 오류가 있고, 유진옹의 해석은 간이하나 지나치게 간략한 데에서 생긴 잘못이 있는 등 여러 사람의 설이 분분하고 서로 어긋나니, 하나하나 밝혀서 통일하지 않을 수 없다. 너희가 그것을 편찬하라."[成化辛丑秋 上命弘文館典翰臣柳允謙等 若曰 杜詩 諸家之註詳矣 然會箋繁而失之謬 須溪簡而失之略 衆說紛紜 互相牴牾 不可不硏覈而一 爾其纂之]

③ 언해 과정

이에 널리 제가의 주석을 수습하고 번거로운 것은 삭제하고 잘못된 것은 바로잡았으며, 지리, 인물, 자의字義 등 난해한 것은 차례대로 해석하고 살펴보기에 편하게 하였다. 또한 언문으로 그 뜻을 번역하여 과거의 어려웠던 것을 일목요연하게 하였다. 책이 완성되어 선사繕寫하여 올리니, 임금께서 신에게 서문을 쓰도록 명하셨다.[於是 廣摭諸註 芟繁釐枉 地里人物字義之難解者 逐節略疏 以便考閱 又以諺語譯其意旨 向之所謂艱澁者 一覽瞭然 書成 繕寫以進 命臣序]

④ 시와 세교

신이 적이 다음과 같이 생각합니다. 시도가 세교와 관계됨은 큽니다. 위로는 교묘郊廟에서 지어져 성덕을 노래 부르고 아래로는 민간의 노래로 시

점필재 김종직 사적비와 적암 조신 신도비, 매계 조위 신도비

정을 찬미하거나 풍자합니다. 이 모두가 사람의 선악을 감발하고 징계하기에 충분합니다. 이것이 공자가 시삼백을 산정하면서 사특함이 없어야 한다는 가르침을 둔 까닭입니다.[臣竊惟 詩道之關於世敎也大矣 上而郊廟之作 歌詠盛德 下而民俗之謠 美刺時政者 皆足以感發懲創人之善惡 此孔子所以刪定三百篇 有無邪之訓也]

⑤ 시삼백과 두보

시가 육조에 이르러 극히 부화하고 화미해지면서 시삼백의 말은 땅에 떨어졌습니다. 두보가 성당에 태어나 능히 막힌 것을 척결하여 퇴폐한 기풍을 떨쳐 일으키고, 침울돈좌沈鬱頓挫하면서 음란하고 화미한 폐습을 힘써 제거했습니다. 난리에 달아나게 되자 시대를 아파하고 임금을 사랑하는 말이 지극한 정성에서 나왔으니 충성스런 분노와 격렬한 마음은 백 대를 떨도록

할 만하였습니다. 사람을 감발하고 징계한 것은 진실로 시삼백과 표리가 되며, 사실을 지적하고 실상을 말하였기에 시사詩史로 불렸습니다. 어찌 후세에 음풍농월하며 성정을 깎아 내는 자들이 비길 만하겠습니까? 그러하니 성상께서 시에 마음을 둔 것은 또한 공자가 시삼백을 산정한 뜻이요, 후학에게 은혜를 베풀어 시도를 바로잡아 회복할 것은 지극한 이치입니다.[詩至六朝 極爲浮靡 三百篇之音墜地 子美生於盛唐 能抉剔障塞 振起頹風 沈鬱頓挫 力去淫艶華靡之習 至於亂離奔竄之際 傷時愛君之言 出於至誠 忠憤激烈 足以聳動百世 其所以感發懲創人者 實與三百篇相爲表裏 而指事陳實 號稱詩史 則豈後世朝風詠月 刻削性情者之所可擬議耶 然則聖上之留意是詩者 亦孔子刪定三百篇之意 其嘉惠來學 挽回詩道也至矣]

⑥ **온유돈후**

아, 시삼백은 한번 공자에게서 산정되고 주자의 집주에서 그 뜻이 크게 밝혀졌는데, 오늘날 시는 또한 성상으로 말미암아 뜻이 드러나게 되었습니다. 시를 배우는 자가 진실로 이것을 모범으로 삼아 사무사思無邪의 경역에 이르고, 시삼백의 울타리에 이른다면, 어찌 다만 시를 짓는 오묘한 경지가 백 대에 높이 뛰어날 뿐이겠습니까? 우리 성상의 온유돈후한 교화가 장차 일세를 적신다면 저 풍화에 보탬이 됨이 또 얼마나 되겠습니까?[噫 三百篇 一刪於孔子 而大明於朱氏之輯註 今是詩也 又因聖上而發揮焉 學詩者 苟能模範乎此 臻無邪之域 以抵三百篇之藩垣 則豈徒制作之妙 高出百代而已耶 我聖上溫柔敦厚之敎 亦將陶冶一世 其有補於風化也 爲如何哉]

조선 초 김종직의 훈도를 받았던 선비들은 성정이 올바른 인간을 추구했다. 시는 그런 차원에서 이들에게 중요했다. 이들에게 도학과 시학은 하나로 연결된 것이었다. 특히 조위는 김종직의 문하에서 문학으로 뛰어났던 인물이라는 점에서, 도학과 시학을 연계하는 주요한 인물임이 분명하다. 그의 서문에서 보듯이 두보의 시를 언해하는 작업은 공자가 시삼백을 만들고 '사무사' 라는 시의 고갱이를 찾아 유교적 교화를 시행했던 일과 오버랩된다. 이제 조선 사회는 도학과 문학, 두 가지를 통해 사회적 교화를 수행할 수 있게 되었다. 바로 그 중심에 매계 조위가 있었다. 성세盛世에서 매향梅香을 풍기면서!

제4장

기억
–제례와 공간

기억 - 제례와 공간

1 불천위제와 경건함

밤 고요하고 인적 드문할사 홀로 문을 닫은 채 夜靜人閑獨閉門
등불 짝하여 주역 보면서 그윽한 집을 마주했네. 伴燈看易對幽軒
책 읽는 사이 어느새 매화꽃 떨어지더니만 讀來不覺梅花落
책상머리에 날아와 부딪히며 하얀 점을 찍누나. 飛撲床頭點素痕
-「매화 마주하며 밤에 『주역』을 읽다[對梅夜讀周易]」, 『매계선생문집』 권1

창녕조문은 종훈의 첫머리에 '숭조崇祖'를 올려놓았다. 선조의 얼을 되새기는 것을 자신들의 최우선 가르침으로 삼고 있는 것이다. 이들에게 제례는 이벤트적인 행사가 아니다. 그 자체로 본인들이 살아있음을 확인하고, 본인들이 살아 있도록 해 준 선조에게 감사하며, 나아가 앞으로 창녕조문이 더 아름답게 살기를 바라는 마음을 담은 거룩한 의식이다. 『논어』「학이學而」에서 "신종추원愼終追遠 민덕귀후의民德歸厚矣"라고 말했듯이, 부모의 상을 당했을 때 근신하며 행하고 먼 조상에게 정성껏 제사를 지내면, 백성들의 덕이 더욱 돈후하게 될 것이다. 조문曺門에서 제사를 귀하게 여기는 마음은 바로 여기에 근원한다. 특히 '추원'은 과거로 향하지 않고 미래로 향하는 관문이다. 제례를 드리는 사람들의 마음에는 미래를 준비하는 성실과 기대가 갈무리되어 있는 것이다. 창녕조문의 제례일을 들면 다음 표와 같다.

월月	일日	선대	소재지
음력 10월	초정初丁	시조 태사공	경북 경주시 안강읍 노당리(초제)
음력 10월	1일	충간공 조석문	경기도 파주시 진동면 하포리
양력 10월	셋째 주 일요일	참의공 조심, 고양공 조척 선무랑 조승중, 사직공 조헌우 사직공 조보, 선무랑 조균	경북 김천시 봉산면 예지2리(선돌) 방목
음력 10월	첫째 주 토요일	지중추부사 조세호	경북 김천시 대항면 복전리(말개미)
음력 10월	첫째 주 토요일	삼석재 조세붕, 승지공 조협 참판공 조문식	경북 김천시 봉산면 예지2리(선돌) 방목
음력 10월	8일	승지공 조순	경북 김천시 봉산면 인의2리(새터)
음력 10월	9일	조흔, 조헌우 배 해주정씨 조경, 둔암공 이모 신천강씨	경북 김천시 봉산면 예지1리(못골)
음력 10월	11일	조계량, 둔암공 조준남	경북 김천시 봉산면 신암리(가성)
음력 10월	11일	효강공 적암 조신	경북 김천시 봉산면 인의리(사인봉)
음력 10월	12일	울진공 조계문, 문장공 조위 별제공 조사우, 영월공 조윤희 묵재공 조익, 참판공 조제창	경북 김천시 대항면 복전리(말개미)
음력 10월	12일	우졸당 조유	경북 김천시 봉산면 예지2리(선돌) 방목
음력 10월	13일	울진공 배 하빈이씨(단사)	경북 김천시 백옥동(내촌)
음력 10월	17일	시직공 조세붕	경북 김천시 어모면 옥율리(노리기)
음력 10월	16일	중문지후 조원계	경남 창녕군 대지면 본초리
음력 10월	16일	좌시중 조우희, 절제사 조익수	경남 창녕군 남지읍 성사리
음력 3월	15일	문장공 매계 조위	충북 영동군 매곡면 수원리 송계서원

불천위제

2024년 11월 12일(음력 10월 12일), 맑고 환한 날씨였다. 이날은 창녕조문 매계문중의 불천위제가 열리는 날이다. 직지사로 향하는 큰길에서 오른쪽으로 차 한 대 지나갈 만큼 좁은 길이 나 있는데, 이 길을 따라 수십 분 올라가면 마암재가 황간현黃澗縣 남쪽 야수암也須巖 아래에 아늑하게 열려 있다. 그곳에 들어서면 반듯하게 앉힌 대청이 정면으로 보이고, 그리로 길을 안내하듯이 정원을 가로질러 경계석이 놓여 있다. 마치 종묘에 신위가 지나는 길을 놓은 듯한 착각이 드는 안배였다. 경계석 밖으로 키 낮은 채마밭이 가꿔져 있어, 이곳이 그저 신위만을 위한 공간이 아님을 알게 해 주었다. 이 점은 대단히 의미가 있다. 죽음을 추모하는 곳이 산 자들을 위한 삶의 장소이기도 하다는 점에서, 이곳이 삶과 죽음이 오가는 소통의 공간임을 넌지시 일깨워 주기 때문이다.

그뿐만이 아니다. 마암재 대문을 들어서기 전, 조금 아래편에는 망배석 하나가 세워져 있다. 그리고 이 망배석이 바라보고 있는 곳에 바로 매계 조위를 비롯한 일가의 봉분들이 차례로 앉아 있다. 제례를 드리기 전이나 드린 뒤에 멀리 매계가 누워 있는 곳을 바라보면 조문의 제례는 명분과 실상을 같이하고 있었음을 알게 된다. 제례의 대상을 바라보며 제사를 바치고 있기 때문이다. 실제 제례를 마친 후손들은 직접 봉분을 찾아가 별도로 추원하고 있으니, 매계문중의 제례는 모범적인 경우가 아닐 수 없

마암재

다. 나는 그곳에서 열린 불천위제에서 창녕조문 문중의 경건함을 보았다.

(1) 신위

불천위는 나라에 공적을 세웠거나 학문적 업적을 남긴 이들에게 내려지는 것으로 사대봉사四代奉祀의 원칙과 상관없이 자손 대대로 제사를 받을 수 있는 신위를 말한다. 불천위를 모신다는 것은 가문에게는 큰 영광이다. 창녕조문이 불천위제를 드릴 수 있다는 것은 유림에서 지닌 위상이 어떠한지를 말해 준다고 하겠다. 가을이 깊어 갈 즈음, 마암재에서 마주한 신위를 왼쪽부터 오른쪽으로 순서대로 내려쓰면 다음과 같다.

顯十六代祖考 贈 嘉善大夫 吏曹參判 行蔚珍縣令府君 神位
顯十六代祖妣 贈 貞夫人 河濱李氏 神位
顯十六代祖妣 贈 貞夫人 文化柳氏 神位

顯十五代祖考 贈 吏曹判書 行户曹參判 謚文莊府君 神位
顯十五代祖妣 贈 貞夫人 平山申氏 神位

顯十四代祖考 行典設司別提府君 神位
顯十四代祖妣 宜人 居昌愼氏 神位
顯十四代祖妣 宜人 平山申氏 神位

顯十三代祖考 贈 行通政大夫 禮賓寺正府君 神位
顯十三代祖妣 贈 淑夫人 全州李氏 神位
顯十三代祖妣 贈 淑夫人 全州李氏 神位

顯十二代祖考 贈 通政大夫 吏曹參議府君 神位
顯十二代祖妣 贈 淑夫人 平山申氏 神位

顯十一代祖考 贈 嘉善大夫 吏曹參判府君 神位
顯十一代祖妣 贈 貞夫人 冶爐宋氏 神位

顯十代祖考 贈 資憲大夫 吏曹判書府君 神位
顯十代祖妣 贈 貞夫人 善山金氏 神位

위 신위의 주인을 다시 거론하자면, 현顯16대 조계문曺繼門과

하빈이씨·문화류씨, 현15대 조위曺偉와 평산신씨, 현14대 조사우曺士虞와 거창신씨·평산신씨, 현13대 조윤희曺胤禧와 전주이씨(이미수李眉壽의 딸)·전주이씨(이응서李應瑞의 딸), 현12대 조익曺瀷과 평산신씨, 현11대 조제창曺悌昌과 야로송씨, 현10대 조유曺逾와 선산김씨 등이다. 김천 입향조인 조심曺深 이후 조계문에서 조유까지 7대에 걸쳐, 모두 17위의 신위를 모시고 있다.

제례의 순서를 밝혀 놓은 홀기笏記를 보면, 초헌관 이하 집사들이 순서대로 서고 재배한 뒤 단공端拱하여 경신敬愼의 모습을 보인 뒤, 진설陳設·강신降神·참신參神·초헌례初獻禮·아헌례亞獻禮·종헌례終獻禮·수조受胙·사신례辭神禮의 순서로 진행된다. 사신례를 마친 뒤 축문을 사르고 집사가 철찬撤饌하면 초헌관 이하는 순서대로 나와서 묘정墓庭, 즉 신위 앞에서 후토后土에 제사를 드리는 것으로 끝맺고 있다. 이를 참조하여 이날 이뤄진 문중의 제사는 다음과 같이 진행되었다.

(2) 진설

제관들은 대청에 모여서 의관을 정제하며 서로 매무새를 다듬어 주고, 주방에서는 부인들이 음식을 준비했다. 먼저 메를 준비하고 갱을 준비하였는데, 갱이 미역국이었다. 제상에는 맨 안쪽에 신주를 배열하였고, 신주의 맨 오른쪽에 떡을 삼단으로 높게 올렸다. 맨 앞줄은 대추, 밤, 감, 배, 호두, 사과, 밀감, 약과와 전병을 올렸고, 다음 줄에 오색전, 명태포, 어적魚炙, 육적肉炙, 계적鷄

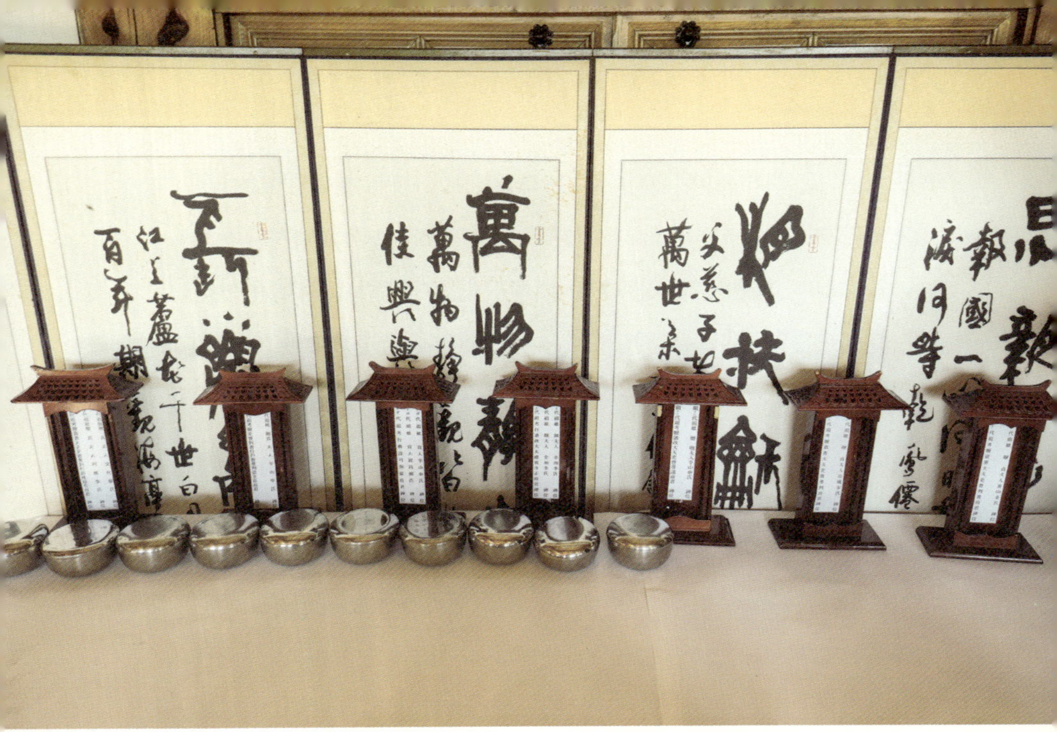

▲ 신위
▼ 진설

炙, 육전, 두부전, 문어 등을 두고, 그 아래에 콩나물, 고사리, 물김치, 소탕, 어탕 등이 작은 그릇에 담겨 배열되었다. 이후 신위 앞에 메를 왼쪽에서 오른쪽으로 진열하고 탕도 차례로 늘어놓았다. 제상 앞의 나지막한 상에는 신위들에게 헌주할 잔과 잔받침 17벌이 놓였다.

(3) 강신과 참신

알자가 향사의 시작을 알리고 제관 사이의 집사 분정을 안내하는 것으로 시제時祭가 시작되었다. 알자는 조지환이 맡았다. 제관 분정기分定記를 보면 대구를 비롯해 강화·거제에서 온 인사가 헌관에 참여하고 있음이 주목된다. 이것은 창녕조문의 전국적 산거를 증명하고 있는바, 문중에서 거제나 강화에 세거하는 조문들이 불천위제에 어김없이 참여하고 있다고 증언해 주었다. 분정의 내용은 다음과 같다.

초헌관初獻官	대구 조각환曺珏煥
아헌관亞獻官	강화 조이묵曺利默
종헌관終獻官	거제 조양환曺陽煥
집례執禮	조규상曺圭象
축관祝官	조병율曺秉律
알자謁者	조지환曺智煥
찬인贊引	조상환曺祥煥
사준司罇	조규천曺圭泉
전작奠爵	조병호曺秉浩

봉작奉爵　　　　조규혁曺圭赫

진설陳設　　　　조규현曺圭賢

이후 집례자가 홀기를 낭독하였다. 앞서 언급했듯이 홀기는 의식의 순서를 적어 놓은 것이다. 제관들은 제상을 사이로 양쪽에 도열하였는데, 신위가 바라볼 때 왼쪽에서 집례자가 의식을 진행하였다. 육순을 넘긴 분부터 많게는 구순을 바라보는 어른까지 수많은 문중 원로들이 제관으로 참가하고 있었다. 홀기 낭독이 끝나자 강신降神 분향이 시작되었다. 초헌관이 향불을 피우고 뇌주酹酒를 올렸다. 뇌주 배례가 끝나자 제청에 오른 제관들이 모두 배례를 올리며 참신參神하였다.

(4) 초헌과 독축

이제 초헌관의 헌작獻酌이 시작되었다. 제상 앞에 무릎을 꿇은 초헌관은 좌사가 건네주는 잔을 받았고, 우사가 그 잔에 술을 따랐다. 초헌관은 그것을 받아 전작奠爵에게 건네었고, 전작이 신위 앞에 하나씩 올렸다. 17위 신위 모두에게 올리되 순서는 조고祖考의 세대순에 따라 왼쪽에서 오른쪽으로 안배되었다. 헌주가 모두 끝나면 계반개啓飯蓋가 조고에 따라 이뤄졌다. 메를 담은 반기飯器의 뚜껑을 하나하나 열어 메가 드러나게 한 뒤, 메에 숟가락을 꽂는 삽시揷匙가 시작되었다. 이 또한 조고의 차서에 따랐다. 삽시가 끝나면 제관들은 모두 엎드리고, 독축이 진행되었다.

축관이 "유세차維歲次 갑진시월기사삭십이일경진甲辰十月己巳朔十二日庚辰 십육대손각환十六代孫珏煥 감소고우敢昭告于 현십육대조고顯十六代祖考 증가선대부이조참판贈嘉善大夫吏曹參判 행통훈대부行通訓大夫 울진현령부군蔚珍縣令府君"으로 시작하여, 차례로 나머지 16위 신위를 호명하였고, "세천일제歲薦一祭 예유중제禮有中制 이자상로履茲霜露 미증감모彌增感慕 근용청작謹用淸酌 시수지봉時需祗奉 상사常事 상尙"으로 독축을 끝냈다. 축관의 독축이 끝난 뒤 초헌관은 재배하였다. 독축하는 동안 초헌관을 비롯해 제관들은 모두 같이 엎드려 있다가, 독축이 끝나자 다 같이 일어났고 초헌관이 재배하였다.

(5) 아헌과 종헌

아헌관은 신주 앞에 배례한 뒤에 초헌했던 술잔을 유사에게서 받아 하나씩 공손하게 퇴주하였다. 17위 신위에게 바쳐진 잔을 모두 정갈하게 비워 진열한 아헌관은 오른편의 유사가 따라주는 술을 술잔에 받아서 하나씩 차례로 전작을 통해 신위에 올렸다. 모두 헌작한 뒤 배례하고 물러났다. 다음으로 종헌관이 마찬가지로 신위에 배례하고, 아헌관과 같은 차례로 하나씩 퇴주하고 헌작하였다. 이때 제관들은 제상 오른편(신위를 기준으로 왼편)에 경건하게 도열하고 있었다. 종헌관은 헌작한 뒤 재배를 드리고 물러났다.

▲ 독축
▼ 아헌

(6) 유식

유식侑食이 시작되었다. 신위의 오른편 유사가 신위 앞의 갱을 하나씩 내가고 진수進水를 시작하였다. 철갱진수撤羹進水의 절차이다. 진수는 숭늉을 내오는 것이다. 이때 제관들은 제상 옆으로 도열해 있다. 집례자는 모든 신위에게 진수가 이뤄질 때까지 곁에서 지켜보면서 대기하고 있었다. 이어서 진수해 내온 숭늉에도 삽시하였다. 이후 제관들은 제청에 서서 고개를 수그린 채 신위가 흠향하시길 기다렸다. 경건하게 제상을 둘러서 국궁鞠躬한 제관들의 모습은 한 폭의 그림처럼 아름다웠다. 사는 곳은 달라도 이곳에 와서 선조의 신위를 받드는 모습은 한결같이 경건 그 자체였다. 신위가 앉아 있는 왼편에서 보면, 고개 숙인 제관들 너머로 매계가 누워 있는 선영先塋이 보였다. 산 자와 죽은 자가 하나의 화면에 있었다. 제사가 끝난 뒤에 안 사실이었지만, 제상의 정면에는 조위가 친필로 쓴 모친 문화류씨의 묘지석이 탁본되어 내걸려 있다. 제관들은 자연스럽게 제청에 걸린 매계의 친필을 우러르고 있었던 것이다. 더구나 그 필적에는 모친에 대한 선조의 효심이 담겨 있으니, 어쩌면 이 제사에 어울리는 모습이 아니었을까 생각한다. 이윽고 신위의 흠향이 끝난 뒤, 유사는 숭늉에 올렸던 수저를 거두고 반합의 뚜껑를 닫는 것으로 철시복반撤匙覆飯을 진행하였다. 이제 제사는 마무리에 접어들었다.

▲ 철시복반
▼ 제관들

(7) 수조와 사신

수조는 제사에 올린 술이나 고기를 주인이 맛보는 절차로, 조상으로부터 복福을 내려받는 행위이다. 오늘날 행하는 음복의 절차 역시 동일한 의미를 지닌다. 이날은 술만 맛보았다. 먼저 초헌관과 축관이 신위 앞에 무릎을 꿇고 앉으면, 집례자가 수조의 절차가 시작됨을 알려 주었다. 그러자 신위의 오른편에 서 있던 유사가 신위에게 올렸던 술잔을 조심스레 가져다주었다. 이 잔을 받은 초헌관과 축관은 차례로 음복하며 조상이 내려 주는 마음을 받았다. 이후 다른 신위의 잔들을 차례로 퇴주하였다. 제상 앞 나직한 상 위에는 술이 비워진 잔 17세트가 놓였다. 제청의 제관들은 다 같이 배례를 드렸다. 수조의 절차가 끝난 것이다.

그 뒤, 아헌관은 제청을 나와 건물 왼편으로 간 뒤 축관의 도움을 받아 신위의 지방을 살랐다. 그동안 아헌관은 재배를 드린 뒤, 서서 국궁鞠躬하고 있었다. 신위의 지방이 모두 불에 타고 나면 이제 신위의 신명과도 작별하게 되는 것이다. 아헌관은 거멓게 재로 남은 신위의 지방을 아쉬운 눈빛으로 가만히 응시하고 있었다. 제청의 신위들도 모두 내려졌다. 매계 신위를 비롯해 7대에 걸친 신명들도 작별을 아쉬워하며 제청을 서성이다가 떠나는 듯했다.

(8) 여적餘滴

제례를 마친 창녕조문 문중은 조상의 신명이 떠난 그 자리에서 조상이 남겨 준 음식을 나누면서 조상의 은덕을 기렸다. 산 자들의 안위와 미래의 복록에 대하여 공손하되 무겁지 않고, 편안하되 나태하지 않으며, 기뻐하되 경망하지 않은 얼굴로 서로 마주해 이야기하며 종문이 안온하기를 기원하였다. 이를 목도한 나는 그들의 경건함에 놀랐고 친절함에 대하여 거듭 고마워했다. 밖에서 참관하러 온 생면부지의 손님에게 편안히 음식을 나눠 주고 더없이 웃어 주던 구순 남짓한 어른의 천진한 모습이 지금도 기억난다. 그분을 필두로 하나둘씩 자신들이 살고 있는 곳으로 다시 길을 나서는 문중의 손에 들린 젯떡들은 단지 떡만이 아니었다. 귀가하여 다른 후손들에게 나눠 줄 조상의 마음이었다.

제례를 마친 뒤 몇몇 분들이 우리에게 매계 선생의 선영으로 같이 가자며 앞장을 섰다. 오전에 시작된 제사가 음복까지 모두 마치니 오후 1시를 넘기고 있었다. 따사로운 햇빛에 살짝 눈이 부셨다. 느리지만 부지런한 걸음을 따라가느라 부대끼던 우리에게 이분은 누구이고 저분은 누구라고 하나씩 일러 주는 목소리에 무언가 뿌듯함을 간직한 자부심이 느껴졌다. 위아래로 나란히 누워 있는 자리에서 뒤돌아 아래를 내려다보니 봉계마을 전체가 한눈에 들어왔다. 선영을 중심으로 산자락이 날개를 펼치며 마을을 안아 주는 형국이었다. 이곳저곳을 둘러보던 우리에게 한 분이 조위의 묘역을 다듬을 때 나온 비석을 가리켰다. 당시 조신이 세워 준 것이라면서 죽음조차 온전하게 보전하기 어려웠던 조선조의 냉대와 후손들의 어려웠던 삶을 반추시켜 주었

매계종가 문중 묘역

다. 넉넉하지 않은 살림을 하는 문중에서 하나씩 묘역을 가꾸고 다듬어 가는 모습에 경의를 표하지 않을 수 없었다. 아마 오늘의 제사에 참여했던 이들의 마음을 이곳에 누워 있는 매계를 비롯한 신명들은 흐뭇하게 받아 주고 있으리라. 우리를 안내했던 분들의 전송을 받으며 마암재를 뒤로하는 순간 알 수 없는 느꺼움이 몰려왔다.

기억 - 제례와 공간

2 추모를 위한 공간들

건축은 인간의 사고와 감정을 담아내는 그릇이다. 그릇은 용도에 따라 달라지지만 같은 모양이라도 무엇을 담는가에 따라 풍격과 품위가 결정된다. 고대광실처럼 우람하고 화려한 건축은 얼핏 보는 맛은 있을지 모르나 여운이 오래가지 않는다. 반면에 졸박하고 고루해 보이지만 은근한 맛을 가진 건축은 뜻밖에도 편안하게 사람을 품어 주는 따스함을 갖고 있다. 이른바 여운이라는 것이 바로 이런 포용에서 비롯되기 때문이다. 특히 공간이 만들어진 목적과 어울리는 모습을 가질 때 그 건축은 하나의 생명처럼 우리에게 다가온다. 창녕조문의 건축이 더욱 아름답게 다가오는 것은 그곳이 '숭조崇祖'의 종훈을 실천하는 공간으로 만들어졌다는 데에 있다. 창녕조문의 재사齋舍는 다음과 같다. 대부분이 추모의 공간으로 지어졌다. 이제 그 이야기를 해 보도록 하자.

명칭	소재지	건립연대	건립자	비고
덕원재 德源齋	김천시 봉산면 예지리(입석) 산16번지(예지리 534)	1958년	문중	조심曺深 묘재(묘소 재사)
율수재 聿修齋	김천시 봉산면 인의리(봉계) 769번지 (인의1길 29-215)	1686년 (1747년 개수)	문중	조위曺偉 유허지
마암재 馬巖齋	김천시 대항면 복전리(말개미) 335번지 (복전1길 9-642)	1648년 (2001년 중수)	문중	조계문曺繼門·조위曺偉 묘재
봉천재 鳳泉齋	김천시 봉산면 예지리(봉계) 5번지(봉계2길 110-41)	1918년	문중	조균曺筠 유허지
학하재 鶴下齋	김천시 대항면 운수리(터목) 311번지(운수길 5-6)	1946년	문중	조세봉曺世鳳 묘재

1) 율수재

율수재聿修齋는 김천시 봉산면 인의티에 있다. 조위가 태어나 어린 시절부터 공부한 곳이다. 1686년에 조위의 유업을 기리기 위하여 후손들은 조위가 태어난 곳에 율수재를 건립하였다. 건물은 정면 4칸, 측면 2칸의 '一' 자형의 건물로 되어 있고, 처마 밑에 송시열의 친필로 '매계구거梅溪舊居'라고 쓴 현판이 걸려 있다. '율수'는 『시경』「문왕文王」에 나오는 "너의 조상을 생각하지 않느냐, 그분들의 덕을 잘 닦을지어다.[無念爾祖聿修厥德]"에서 유래한 것으로, 조상들의 덕을 잊지 말고 그 덕을 잘 이어받자는 의미이다. '매계구거' 현판은 크기가 70cm×190cm로 해서체로 쓰여 있다. 건물 안에는 율수재를 비롯해 지도재志道齋·유예재遊藝齋라는 편액도 같이 걸려 있다. 또한 '매계구거' 현판 옆에 '매계유허梅溪遺墟'란 글씨도 같이 걸려 있다. '매계구거'는 조위가 예전에 지냈던 곳임을 표현한 것이고, '율수재'는 매계구거를 다시 건축한 것이며, 그곳 전체가 '매계유허'인 셈이다. 그러나 지금은 유허지 전체를 포괄하여 율수재라 부른다. 이곳은 네모반듯한 공간이 아니다. 자연스럽게 이뤄진 형국을 따라서 집채며 연못이 자리 잡고 있다.

율수재로 들어서는 문은 도덕문道德門이다. 도덕문으로 오르는 돌계단은 높이가 서로 다른 2단으로 되어 있다. 나직하게 계단을 올라 문으로 들어서면 정면에 매계구거가 나온다. 도덕문의 문턱 나무는 아래로 구부러져 드나드는 사람에게 위압적으로 다가오지 않는다. 오히려 문이 자신을 낮추어서 사람들이 편안하게 들어오도록 하였다. 문을 들어서면 작은 굴곡을 지닌 다리가 나온다. 이 다리는 연못을 가로지르며 매계구거로 우리를 안내하고 있다. 사실 도덕문 밖에서 안쪽을 보면 매계구거의 대청이 곧바로 보인다. 문설주가 하나의 프레임이 되어 그 안에 구거를 담아내고 있는 셈이다.

연못은 직사각형의 모양을 하고 있는데, 가운데 다리를 걸쳐 놓아서 두 개의 방당方塘처럼 나뉘어져 있다. 못에는 한여름이면 연잎으로 뒤덮일 정도로 많은 연이 심겨 있다. 세 개의 기둥으로 이뤄진 다리를 건너면 왼편에 오래된 배롱나무를 만날 수 있다. 화사한 붉은빛이 감도는 꽃이 피어 있는 배롱나무는 율수재

▲ 도덕문

▼ 율수재(김천 매계문중 제공)

가 거쳐 온 세월을 지켜보듯이 넉넉하게 가지를 펼쳐서 방당을 덮을 만큼 큰 그늘을 드리우고 있다. 한여름이면 온통 붉은빛으로 율수재를 물들이곤 한다. 배롱나무 그늘 속으로 열 개의 돌계단을 오르면 구거를 만나게 된다. 계단을 오를 때마다 '매계구거'라는 글자가 점점 커지는 느낌을 받았다. 사실 '매계구거'라는 현판 글씨는 건물의 규모에 비해 다소 큰 느낌이다. 생각하건대, 송시열이 글씨를 쓸 때는 건물의 규모가 더 컸을지도 모른다. 계단을 오른 뒤 뒤를 돌아보았다. 계단길은 다리를 건너 도덕문으로 나서며 하나의 축을 이루고 있었다. 앞서 두 개의 방당처럼 나뉜 연못은 흡사 나비의 두 날개처럼 곱게 앉아 있다.

이곳을 찾았을 때 마침 비가 살짝 떨어지고 있었다. 차분하게 가라앉은 분위기 속에서 동심원을 그리는 연못 표면에 사람들의 얼굴이 보인다. 톡톡 떨어지는 빗방울마다 번져 가는 얼굴들은 율수재를 찾아 매계의 흔적을 더듬었으리라. 사실 사람의 마음은 하나의 못[池]과 같다. 하늘을 담을 수도 있고, 바람을 안을 수도 있으며, 구름을 띄울 수도 있다. 숱한 세월을 지켜 왔을 이곳 사람들의 자취를 엿보는 나의 마음에서는 기쁨보다는 안쓰러움이 올라왔다. 나직한 담벼락이 눈에 들어온다. 구거에서 내려다보면 왼편은 나름 질서정연하게 쌓아 올렸다. 그러나 네모반듯하지 않게 비슷한 돌의 생김대로 짝을 맞추었다. 기와까지 올렸으니 제법 풍치를 고급스럽게 맞춘 것이다. 그런데 오른편을 보면 돌들이 제멋대로다. 크기는 왼편에 비해 자잘하고 되는 대

율수재 연못

매계구거 현판

매계유허 현판

로 쌓아 올렸다. 오래전의 담장 모습 그대로이다. 담장 왼편과 오른편이 차이 나도록 놔둔 후손들의 마음을 상상해 본다. 혹시 오른편의 졸박함과 왼편의 정연함, 이 두 가지가 매계의 풍격과 맞다고 생각해서가 아닐까? 특히 오른편의 담장은 흙담과 이어지며 하나의 구릉을 이루고 있다. 아마도 옛날에는 이런 모습이었을 듯하다. 방당에 하얀 연꽃이 자그마하게 피어 있다. 혹시 율수재를 찾아가실 분이 있으면, 비 오는 날 조용히 찾아 주시길 권해 본다. 그리고 구거 마루에 앉아서 아래를 응시하며 고즈넉하게 방당에 떨어지는 빗물, 정갈하게 빗질한 길옆으로 자분자분 싹을 올린 여린 풀들, 그 야트막한 담장 너머 저편 어딘가를 보시라. 그러면 내가 어느새 매계가 되어 있을지도 모를 일이다.

율수재는 1747년(영조 23) 초봄에 개수하였다. 권상하權尙夏의 증손인 권진응權震應의 기문을 보자.

> 여기 김산의 매계당梅溪堂은 곧 문장공文莊公 조위 선생이 늘 마음으로 공부하는 것을 생각하면서 힘쓰던 곳으로 그 수석이 그윽하고 깨끗하여 진정 은자가 머물 곳이었다. 내가 일찍이 한번 찾아가고자 했지만 그럴 수 없었는데, 작년 가을에 선생의 후손 조박曺霈이 나에게 급히 편지를 보내 왔다. 그 편지에 이르기를, '나의 선조 문장공께서 사화를 입은 뒤로 매계당이 황폐해진 지 어느새 백 년 남짓 되었습니다. 그 뒤 나의 조부 우졸당공愚拙堂公(조유曺逾)께서 그곳에 풀을 베고 초가를 지은 뒤 글을 읽다 불행히도 일찍 세상을 떠나시니 집도 따라서 허물어졌습니다. 중부 인재공認齋公(조세룡曺世龍)과 계부季父 경지재공敬知齋公(조세붕曺世鵬)이 초가를 얽으려 했으나 뜻을 이루지 못하고 말았습니다. 나는 사촌 아우들과 같이 논의해서 모옥을 지었는데, 모두 아홉 칸으로 중부·계부 두 분의 뜻을 뒤좇아 이루게 되었습

니다. …'라고 했다.

지금 문장공의 도덕과 문장, 우졸당공의 돈독한 뜻과 힘껏 배움은 모두 세상의 모범이 될 만하다. 그리고 그대의 제부들도 대대로 그 아름다운 자취를 계승하고 있는데, 그대 또한 이 초가에서 부지런히 힘쓰고 한결같이 따르며 법도를 이루었다. 전전긍긍하며 『시경』의 '너의 조상을 생각하지 않느냐, 그분들의 덕을 잘 닦을지어다.[無念爾祖 聿修厥德]'라는 뜻으로 더욱 자신을 권면하고 자제들에게 경계하며 조상을 욕되게 하는 일이 일어나지 않도록 생각하고 있다. 이는 『대학』의 어진 이를 어질게 대하고, 친한 이를 친하게 여기는 의리를 알고 그 뜻을 계술하는 효도를 다한 것이다.

행여나 내가 뒷날 병이 나아서 시냇가로 놀러 가면 장차 그곳 사는 사람들을 보리로다. 그들은 모두 책을 읽고 몸을 신칙하여 그 가문을 계승하고, 혼례며 상례, 마시고 먹는 것이 모두 예절에 맞고, 진퇴하고 읍양하며 추제에 모두 차서가 있으리라. 그런 뒤에 교화가 이뤄짐을 즐거워하며 군자들의 뒤를 따라 향악의 노래를 듣고 주고받는 술을 마시며 시로써 조위 선생의 덕을 노래하리라. 그런 뒤에 계산의 승경을 기록해도 분명 늦지는 않을 것이다. 일단 이렇게 적고 훗날을 기약해 본다.[維此金山之梅溪堂 卽文莊曹先生藏修地也 其水石邃而潔 眞隱者所盤旋 余嘗欲一游 而不可得 昨年秋 先生之孫溥 走書謂余曰 自我先祖文莊公之罹禍 梅溪之荒墟 已百餘年矣 其後 我祖愚拙公 誅茅讀書於其間 不幸早世 屋隨而毁 仲父認齋公 季父敬知齋公 欲肯構而未克成 吾與諸弟姪謀結屋 凡九間 追成二父之志 … 今文莊先生之道德文章 愚拙公之篤志力學 皆足以爲世準則 而子之諸父 世濟其美 子又克勤塗茨 一遵成法 兢兢焉以詩人念祖修德之意 益自勉勵 戒其子弟 思所以不忝所生 此殆知其賢親之義 而盡其繼述之孝者也 幸余他曰病蘇 得游溪上 將見溪上之人皆讀書飭躬 能承其家 婚喪飮食 皆中禮節 進退揖讓秋祭有序 然後樂其敎化之成 而得從諸君子後 聽鄕樂之謌 飮獻酬之酒 以詩詠先生之德 而記溪山之勝 必未晩也 姑書此以俟]

이 기문은 1773년(영조 49)에 쓰였다. 개수하고 기문은 늦게 지어진 셈이다. 이에 의하면 율수재는 조위가 세상을 떠난 뒤, 조유가 공부한 곳이고, 그가 떠난 뒤 황폐해졌다가 조세룡과 조세붕이 새로 집을 지으려고 했지만 미처 못하던 차에 조박의 대에 와서 이루어졌음을 알 수 있다. 권진응은 이 공간이 장수藏修하고 가문을 위하는 곳일 뿐만 아니라 향당의 예로써 교화가 이뤄지는 곳이 되길 기대하고 있다. 즉 일가를 넘어선 사회적 공간으로서의 의미도 환기시키고 있는 것이다. 문득 근래 이 공간에서 젊은 학생들을 불러 백일장을 여는 문중들의 전승 태도가 오버랩된다. 지금의 후손들이 율수재를 복원하고 지역사회에 자리매김하는 것은 적절하다고 하겠다.

이 율수재를 두고 조시영曺始永은 팔경을 꼽고 각각 시를 남겨 두었다. 시는 『후계문집』 권2에 전하고 있다. 그 팔경은 다음과 같다.

고정매화古庭古梅	옛 뜰의 오랜 매화
전강칠송前岡七松	앞 언덕의 소나무 일곱 그루
봉산기암鳳山奇巖	봉산의 기이한 바위들
계촌장연溪村長烟	시냇가 마을의 긴 안개
오잠서일烏岑瑞日	금오산의 상서로운 해
동림청하洞林晴霞	마을 숲의 비 온 뒤 노을
고성석봉姑城夕烽	고성의 석양빛 아래 봉화
관루효각官樓曉角	관청 누각의 새벽 뿔피리 소리

위 시제에 의하면 율수재를 둘러싼 풍경을 짐작할 수 있다. 이 가운데 두 수 정도 들어 본다. 하나는 '앞 언덕의 소나무 일곱

그루'로서 율수재 앞 언덕의 소나무를 소재로 했고, 다른 하나는 '시냇가 마을의 긴 안개'로서 마을에 길게 드리워진 안개가 대상이다.

십 년 동안 뱃속을 솔바람 소리에 씻었거니와	十年腸胃洗聽松
줄기며 이파리는 눈 쌓인 봉우리에 더욱 푸르러라.	幹葉愈青雪積峰
정훈鄭薰의 뜰에 심겨 있는 수와 같으니	鄭薰庭植同其數
그때 처사의 모습이 떠오르누나.	想像當時處士容

–「율수재팔경운聿修齋八景韻」, 전강칠송前岡七松

『당서』에 보면 정훈은 일찍이 과거의 시관을 두 차례나 지냈지만, 나이가 들자 임곡에 은거하여 소나무 일곱 그루를 심고 칠송거사七松居士로 자호하였다고 한다. 율수재의 주인을 정훈에 비긴 시이다. 솔바람 소리로 자신의 찌꺼기 가득한 마음을 씻었다는 상상이 돋보인다. 제1구의 '청송聽松'과 제3구의 '정훈鄭薰', 그리고 상상하고 있는 '처사용處士容'이 하나로 꿰어지면서 율수재가 매계의 인간됨을 구현하고 있는 공간임을 드러내고 있다.

이와 달리 다음 시는 율수재가 놓인 주위 안개 풍경을 그리면서, 날빛을 받은 안개 덕분에 이곳이 중천에 오른 듯한 느낌을 받았다고 하였다. 조시영의 율수재 시에는 율수재가 보이지 않는다. 율수재에서 바라본 주위 풍경을 그려 냄으로써 오히려 율수재에 대한 상상력을 자극하고 있다.

빈 숲을 가로지르는 한 줄기 안개여 空林橫帶一桁烟
아침 해가 비추니 푸르고 또 곱구나. 朝日增光碧又鮮
가느다랗게 날아올라 구름과 어울리더니 細細飛飛雲霧合
아뿔싸 평지가 갑자기 중천이 되는구나. 俄然平地忽中天

－「율수재팔경운聿修齋八景韻」, 계촌장연溪村長烟

2) 덕원재

덕원재德源齋는 김천시 봉산면 예지리에 있다. 정면 4칸, 측면 2칸의 건물이다. 덕원재로 들어서는 문은 추원문追遠門이다. 소박한 추원문을 지나 석축을 오르면 건물이 위에서 내려다보듯이 반듯하게 산자락에 앉아 있다. 대청 위에는 '덕원재'라는 현판이 걸려 있다. 대청에서 바라보면 앞쪽으로 배롱나무 두 그루가 서로 마주 보며 가지를 뻗고 있어 마치 아치문을 이루고 있는 듯하다. 나무의 그늘은 곧장 대청마루까지 어른거릴 정도로 가깝게 심겨 있다. 이곳은 김천에 세거한 창녕조문들에게 뜻깊은 곳이다. 바로 입향조인 조심을 추모하기 위한 재실로서 지어졌기 때문이다.

「덕원재기德源齋記」에 의하면 1957년에 조영호曺永鎬가 향사에 모인 창녕조문 원로들에게 발의하여 재실 건립에 동의를 구했고, 재원 마련을 위해 조준용曺埈用·조승묵曺昇默·조규한曺圭漢·조상홍曺相洪·조하영曺夏永·조병일曺秉一·조용승曺瑢承·조상호曺相鎬·조근호曺謹鎬·조열승曺烈承 등을 비롯한 문중의 출연으로 재목을 구입하고 건축을 시작하였다. 그로부터 3년이 지난 1959년에 건

덕원재

물이 완성되었으며 당호를 '덕원재德源齋'라고 붙였다. 「덕원재기」를 더 읽어 보자.

저 추원追遠이란 효도로 추모하는 길이며, 효도는 덕德의 근본이다. 그러므로 사람들이 저마다 효도를 다한다면 백성의 덕이 두터운 곳으로 돌아가리니, 이는 이치가 본래 그러한 것이다. 우리 참의공參議公(조심曺深)의 후손들은 재실을 이룬 것으로 나의 일을 마쳤다고 여기지 말고 추원하는 정성과 마음을 더욱 극진히 하되 제사를 올릴 때에도 참의공의 덕을 생각하고, 물러나 집에 있을 때도 참의공의 덕을 계술繼述하여 언제나 생각 하나라도 여기에 있을지어다. 그리하면 선조의 신명이 음덕蔭德을 드리우심도 장차 끝이 없으리로다. 이는 마치 근원이 있는 물이 끝없이 흐르는 것과 같아서 우리 문중은 반드시 더욱 크게 번창하리라. 만일 그렇게 하지 않아

선조의 덕을 더럽히고 욕되게 하면 그 은혜를 받지 못하리니, 어찌 영원히 세세토록 오래도록 보존할 수 있으리오?

이 기문은 덕원재가 세워진 지 4년이 지난 1963년에 조영호에 의해 쓰였다. 그 내용인즉슨 '덕의 근원'이 무엇인가에 대하여 논하면서 추원의 효도에 대하여 강조하고 있다. 덕의 근원은 효도라고 하면서 효를 강조하는 한편, 그 효를 바칠 대상은 조심曺深이라고 했다. 이때 '덕'은 일반적인 도덕을 가리키는 것이 아니다. 바로 조심이 김천 봉계에 입향하여 창녕조문을 뿌리박도록 해 주신 마음과 덕성을 가리킨다. 앞서 우리는 창녕조문의 시조인 조계룡을 추모하기 위해 만든 공간이 '종덕재種德齋'임을 언급한 바 있다. 처음 '조성曺姓'을 세상에 심었던 시조의 덕을 기려서 '종덕種德'이라고 했다면, 이곳에서는 김천의 창녕조문에게 덕을 드리운 근원, 즉 '덕원德源'으로서 조심을 추모하고 있는 것이다. 이후 1988년에 문중은 덕원재 앞뒤 뜰의 석축을 포장하고 주위 환경을 정화하여 지금에 이르고 있다.

3) 마암재

마암재馬巖齋는 김천시 대항면 복전리에 있다. 「마암재기」에 의하면, 이곳은 조계문曺繼文과 조위曺偉의 재실이다. 그 선영 아래 및 인근에는 조위의 아들 조사우曺士虞, 장손 조윤희曺胤禧, 증손 조익曺瀷과 조옥曺沃, 현손 조제창曺悌昌·조석창曺碩昌·조하창曺夏

昌, 5대손 조술曺述, 6대손 조세호曺世虎·조세룡曺世龍, 7대손 조목曺霂·조운曺澐, 9대손 조언명曺彦明, 10대손 조예규曺禮圭, 11대손 조진만曺鎭萬, 12대손 조시영曺始永·조익영曺益永 등의 묘소가 있다.

일찍이 1648년(인조 26)에 조위의 묘 아래에 재실을 짓고 '마암재'라고 명명했었다. 그간 수차례 마암재를 중수했지만, 여전히 목재가 썩고 낡은 것을 안타까워하던 문중은 2001년에 조익환曺翊煥을 위시하여 마암재를 다시 중수하여 지금의 모습에 이르도록 했다.

마암재로 들어서는 문은 인의문仁義門이다. 제법 규모가 크다. 문을 들어서면 가운데로 평지길이 곧게 나 있고, 그 끝에 마암재 건물이 있다. 왼편에 천추만세당千秋萬歲堂이 있다. 재실을 관리하는 건물이다. 길의 양옆으로 채마밭을 가꾸고 있는 것으로 보아, 마암재에는 사람이 거주한 흔적도 느낄 수 있다. 마암재에서는 조위의 선영이 오른편으로 보인다. 그래서 인의문으로 들어서기 전, 마암재의 담장 아래쪽에 망배석望拜石이 서 있기도 하다. 선영을 찾아 야산에 오르기 어려운 이들이 멀리서나마 선영을 바라보며 참배하기를 바라는 마음으로 세운 것이다. 마암재는 불천위제를 지내는 곳이니만큼 창녕조문 문장공파에겐 특별한 곳이 아닐 수 없다. 현재 창녕조문이 갖고 있는 추모 공간 가운데 가장 규모가 클 듯하다. 건물의 규모가 정면 5칸, 측면 2칸이다. 마암재를 바라볼 때 오른편에 '야수암也須嵓'이란 현판이 걸려 있고,

▲ 인의문
▼ 천추만세당

망배석

왼편에 '여재암如在菴'이란 현판이 걸려 있다. 정면에는 「마암재기」와 「마암재 상량문」이 걸려 있고, 또한 '유명조선국정부인류씨지묘有明朝鮮國貞夫人柳氏之墓' 탁본이 걸려 있다. 묘지문은 조위의 친필이다.

마암재의 상량문은 "일이 선대가 미처 하지 못한 것에 관계되니 본디 근간勤幹에 절실해야 하는 것이요, 진실로 후손들이 추원하는 마음이 깊으니 어찌 감히 재실 경영을 늦추리오? 이곳은 바로 황간현黃澗縣 남쪽 야수암也須巖 아래라네.[事係先世之未遑 固宜切於勤幹 誠深後裔之追遠 詎敢緩於經營 卽黃澗縣南也須嵒下]"로 시작된다. 그리고 조위를 중심으로 문중의 내력을 설명한 뒤에 상량하

마암재 현판

야수암 현판

여재암 현판

게 된 까닭을 밝히고 있다. 말미에서는 "물고기 뛰고 솔개가 나는 것은 선왕의 지극한 이치가 드러난 것이요, 구름이 일고 비가 내리는 것은 우리 선조의 아름다운 은혜가 끝이 없는 것이로다. 오직 벽에 흙 바르고 지붕 얹듯이, 자신의 덕을 닦을지니.[魚躍鳶飛 先王之至理有著 雲行雨施 吾祖之流芳無窮 惟曰塗茨 聿修厥德]"라고 했다. 율수재와 짝을 이루는 곳임을 짐작할 수 있으리라.

4) 봉천재

봉천재鳳泉齋는 김천시 봉산면 예지리 조균曺筠의 유허지에 있다. 1918년에 지어진 조영식曺榮植의 기문에 의하면 조균은 그에게 11대조가 된다. 학행學行으로 군자감 참봉軍資監參奉에 추천되었지만 벼슬에 나가지 않았고, 못가에 정자를 짓고 거문고와 책을 즐기다 일생을 마쳤기에 '지정고사池亭高士'라 불렸다. 그의 증손이 조준남曺俊南이다. 조준남이 10세쯤 되었을 때 임진왜란이 일어나 부친도 조부도 돌아가셨고, 지정池亭 또한 불에 소각되었다. 이후 삼백 년간 지정 옛터가 황폐해졌다.

조영식은 족질인 조성환曺成煥·조용환曺容煥 등과 같이 의논했고, 문중이 나서서 1년 만에 봉천재를 이루었다. 그 규모가 정침正寢 4칸, 행랑채 3칸이며, 문도 세웠다. 제법 규모가 있는 재실이다. 산자락을 따라 문은 아래편에 있고 봉천재는 위쪽에 있다. 산을 오르듯이 문을 지나서 올라야 봉천재에 이르는 것이다. 봉

봉천재

천재 뒤편에는 대나무가 있고, 건물 앞쪽에 배롱나무가 심겨 있어 운치를 더해 준다. 현재 봉천재에 현판이 걸려 있지 않지만 기둥마다 주련이 그대로 남아 있다.

5) 학하재

학하재鶴下齋는 김천시 대항면 운수리에 있다. 조세봉曺世鳳의 묘재이다. 그의 후손 조병태曺秉台가 쓴 「학하재창건기鶴下齋刱建記」에 의하면 김산金山, 즉 금릉金陵의 형세는 이러하다. 학하재가 놓인 곳을 말하는 기록이지만, 김천의 형세를 표현함에 문학적인 면이 있어 인용하도록 한다.

> 금릉金陵은 예부터 산수의 고장으로 일컬어졌다. 군의 치소治所 서쪽 십수 리쯤에 황학산黃鶴山이 있는데, 호남과 영남이 교차하는 곳으로 구름이나 노을이 아스라하여 난새며 봉새가 날아가는 형상을 지녔고, 언덕이며 봉우리가 수려하여 범이나 용이 서릴 듯한 기세를 지녔다. 그 산이 남으로 꺾이고 동으로 치달려서 정숙精淑한 기운이 모여 조봉祖峯이 되고, 가지 하나 남은 산맥이 사방으로 흩어져 작은 봉우리가 되었다. 마치 자손들이 늘어서서 조상 앞에 줄지어 모시고 있는 듯하다. 뭇 골짝을 흘러내리는 물들이 이곳에 모이는데, 맑은 물살이 흐르는 하얀 바위에는 거문고며 피리나 퉁소 소리가 아름답게 울리며 끊이지 않고, 산이 높아 응달과 양달로 나뉘되 마을도 즐비하다. 종종 이곳을 지나는 사람들은 손으로 가리키며 하나의 형승이라고 부르곤 했다.[金陵 古稱山水之鄕也 郡之治西十數里 有黃鶴山 壯據於湖嶺之交 雲霞縹緲 有鸞翔鳳翥之像 岡巒秀麗 有虎踞龍蟠之勢 南折東馳 精淑之氣萃而爲祖峰 一枝餘脉 散作諸峰 有似乎兒孫之羅立而列侍於前 衆壑之水來匯于此 清濺白石 琴筑竽籟之聲 鏗鍧不絕 分陰分陽 村落櫛比 往往過之者 指其謂一區形勝也]

조병태에 의하면, 이곳에 재실을 짓고자 하는 생각은 오래되었지만 끝내 실행할 수 없던 차에 둔중에서 공사를 착수하였고, 정당 3칸을 짓고 초가로 곁채 3칸을 지었다고 하였다. 그러나 재원이 부족하여 결국 전토 7~8두락을 팔아 공사 비용에 보충하였고, 6~7개월에 걸쳐 공사한 끝에 1946년에 준공하였다. 그 과정에서 특히 조경묵曺敬默과 종손 조준용曺埈用이 노력해 주었다.

학하재

학하재는 별도의 문이 없다. 학하재를 정면에서 바라보면 뒤로 하늘이 열려 있어 시원한 느낌을 준다. 별도의 식재를 하지 않았고 석축 위에 건물이 앉아 있다. 정면에 '학하재'라는 현판이 걸려 있고, 기둥마다 4자로 이뤄진 주련이 모두 8개가 남아 있다. 그 가운데 '오두서욱烏頭曙旭'·'학정춘화鶴頂春花'는 각각 금오산의 새벽 날빛과 황학산의 봄꽃을 노래한 것이다. 마침 조술曺述이 「황악팔경」을 읊으면서 금오산도 꼽았는데, 그 시를 들어 본다. '황악'은 황학산이다. 시제는 '금오산의 해돋이'이다.

진시황은 다그쳐 돌을 보내려고 얼마나 배를 채웠던가	石走秦鞭幾滿船
다리는 끊어진 채 바다에 가로놓여 이미 천년이라네.	斷橋橫海已千秊
가까운 금오산에서 떠오르는 해를 보고 있자니	咫尺金烏看日出
영씨의 우둔한 계책이 더욱 가엾어라.	嬴兒愚計更堪憐

–「황악팔경黃岳八景」 금오조돈金烏朝暾, 『경매당유고』

제1~2구는 진시황이 불로초를 구하기 위해 사람들을 바다로 떠나도록 하면서, 바다를 건널 돌다리를 만들기 위해 계속 돌을 날랐다는 고사를 원용하고 있다. 돌이 멀리 가지 않자 신인은 돌에 채찍질을 하였고, 그 돌들이 피를 흘렸다는 이야기가 함께 전한다. 아마도 돌은 사람을 뜻하는 것이 아닐까? 여하간 신선의 세계를 추구하는 진시황의 우둔함을 들어, 황학산 이곳이 그런 선향임을 은연중에 내보이고 있다.

창녕조문의 건축은 대부분 추모의 공간이었다. 그래서 건물들은 화려하거나 웅장함과는 거리가 있다. 재사齋舍들은 산자락이든 넓은 평지이든 인가 부근이든 각각 지세에 맞게 세우되 추모의 취지를 벗어나지 않도록 하였다. 무엇보다 재사를 일으킬 때는 문중이 합심하여 역사를 시작하였고, 재원이 부족하면 십시일반으로 합력하여 해결하였다. 그리고 그 결과로 이룬 재사는 문중이 같이 공유하여 선조의 덕을 추숭하고 일가붙이를 화합하며, 나아가 지역과의 연대도 꿈꾸었다. 그들의 자연스런 졸박함의 이면에는 함께하는 공명共鳴의 아름다움이 흐르고 있었다.

제5장

전승
-지역과 고전

전승 - 지역과 고전

1 지역과 함께하는 종가

일찍이 해가 부상에만 머물지 않았나니 光陰曾不住扶桑
별안간 검은 머리가 어느새 세어짐에 놀라리라. 黃髮俄驚忽已蒼
당부하노니, 이제 같이 배우는 이들이여 寄語如今同學子
모름지기 공부는 젊은 시절에 힘써야 하네. 工夫須勉在靑陽

-「동학들에게 주다[贈同學諸子]」,『매계선생문집』권1

이른바 종문宗門은 혈연을 우선으로 이뤄지는 집단이다. 같은 성씨를 공유하고 같은 조상을 보유하며 같은 풍속을 공동으로 실행하고 같은 고장에 살아간다. 설령 공간을 달리하여 살아가더라도 특정한 시기를 기약하고 모두 모여서 동족임을 서로 확인하고 확인받은 뒤 떠나간다. 아무리 강조해도 종문은 혈연을 위주로 이뤄지는 집단임을 부정할 수 없다. 이 가운데 종가는 그 중심 역할을 한다. 그러나 종가는 '집'이라는 건축물로만 존재하지 않는다. 물론 눈으로 확인할 수 있는 건축물이 존재하고, 공유할 기억과 같이 추모할 대상을 소유하고 있어야 한다. 하지만 더 중요한 것이 있다. 바로 '지역'이다. 창녕조문 매계문중을 생각해도 그러하다. 김천 봉계로 입향한 조상을 필두로 하여 하나의 문중이 이뤄져 왔음은 앞서 살펴본 바 있다. 그 지역은 하나의 종문의 과거이자 현재이며 미래이기도 하다. 만일 종문이 본래의 입향 지역을 모두 떠나가 버린다면 어떠할까? 신체적으로든 정신적으로든 지역과 절연한 종문이 과연 유지될 수 있을까? 또한 지역과 결합하는 방식도 중요하다. 종문들은 오랫동안 지역에 거주하면서 공론을 형성하고, 나라가 위급할 때는 의병을 조직하는 등 지역 공동체를 유지하기 위한 실천에도 과감했다. 모두 각자의 방식으로 지역과 연대하고 공감하는 방식을 취했고 자신의 역할을 수행했던 것이다. 이는 종문이 시대와 병진하는 근거를 확보하는 것이기도 하다. 김천 봉계의 창녕조문은 어떻게 지역과 결합하고 있는가? 나는 그들이 자신의 조상을 숭모하되 지역과 같이하려는 노력을 지속해 왔음에 감동받는다. 이제 그 이야기를 해 보도록 하자.

1) 매계백일장

창녕조문은 김천문화원과 같이 매년 매계백일장을 열고 있다. 조위의 문학적 성취를 선양하고 청소년들에게 우리 글의 소중함을 알리기 위해, 1980년부터 조위가 태어난 김천시 봉산면 인의리 율수재에서 매년 백일장을 개최하고 있다. 1980년 제1회 매계백일장을 시작으로 매년 5~6월에 김천시 지역 초·중·고등학생들을 대상으로 열고 있는데, 1998년부터는 경상북도 지역 초·중·고등학생으로 참가 범위를 넓혔다가 2007년에 다시 참가 범위를 김천 시내 학교 학생으로 환원했다. 2024년에는 전국 단위로 참가 범위가 확대되었다. 김천문화원에서 주관하며, 경상북도와 김천시, 경상북도 김천교육지원청, 창녕조씨 문장공파 대종회에서 후원한다. 백일장은 초등부와 중고등부로 나누어 운영되며, 참가자는 운문 또는 산문 중 자유롭게 선택하면 된다. 각각의 글제는 당일 제시된다. 시상은 대상 2인을 비롯하여, 장원·차상·차하·참방이 있다.

최근에 치러진 제45회 「매계백일장 행사계획서」에 의하면 백일장은 이렇게 기획되었다. 주관은 김천문화원, 후원은 경상북도·김천시·김천교육지원청·창녕조씨 문장공파 대종회이고, 일시는 2024년 6월 5일 오후 2시였다. 특기 사항으로 우천 시에도 진행된다고 하였다. 실제로 그간 비가 오는 가운데에도 진행이 되었으며, 더러 학생들의 안전을 위하여 장소를 실내로 옮겨 거행하기도 하였다. 장소는 '율수재(김천시 봉산면 인의1길 29-215)'로 명기되어 있고, 참가 자격은 초·중·고등학교 재학생으로 밝히고 있으며, 학교별 추천 인원에 제한이 없어서 누구나 원하면 참가할 수 있도록 열어 놓았다. 추천서는 각 학교에서 참가 인원을 수합, 학교장 직인을 날인해 제출하도록 하였으니 백일장의 공신력을 짐작할 만하다. 또한 별도의 시상식을 마련하여 수상자들에게 격려의 뜻을 더욱 강화하였다. 약 3~4시간의 집필 시간이 주어지며 순수하게 자신의 글을 평가받고 명예를 얻을 수 있는 자리로 만들고 있다. 대상 수상자에게 경상북도 도지사상을 수여하고 있는 것도 그 일환이다. 이 백일장의 수준을 짐작할 수 있다.

매계백일장의 개회사에는 분명하게 "조위 선생이 우리 문학사에 큰 업적을 남기고도 오늘날 그 위상에 맞는 평가를 받지 못하고 있는 것이 안타깝다. 이렇게라도 매년 선생의 위업을 기리는 백일장이 열리는 것은 우리 김천이 예로부터 뛰어난 문인을 배출한 전통적인 문화예술 도시였다는 위상을 이어가는 계기가 될 것이다."(제25회), "유배지에서도 우국충정과 문학에의 열정을 잃지 않은 매계 선생의 문학 혼을 높게 평가하며 오늘의 백일장을 계기로 선생의 업적을 바로 알고 지역 학생들의 문예실력을 향상시키는 계기가 되기를 바란다."(제29회), "매계 조위 선생께서는 1454년 봉계에서 태어나 21세에 출사出仕한 후 홍문관 수찬과 승정원 동부승지, 도승지, 성균관 대사성 등 당대의 문호文豪들이 임명되는 요직을 두루 거치며 명문장가로서의 기량을 널리 알리셨다. 특히 홍문관 수찬으로 계실 때 성종의 명으로 당나라 두보杜甫의 시를 언해하니 이것이 『두시언해杜詩諺解』의 초간본으로 우리나라 고전문학 연구에 매우 귀중한 자료로 평가되고 있다."(제32회), "역사의 소용돌이 속에서 감춰진 매계 선생의 문학 세계가 바로 알려지는 계기가 됐으면 한다."(제37회)라고 하여 조위의 문학적 성취에 대하여 평가하고, 이 백일장이 그 계승의 선에 있음을 밝히고 있다. 최근 십수 년간 진행되어 온 회차와 일시, 참가자 수, 장소 및 특기사항을 요약하면 아래와 같다.

제29회 2008년 4월 24일. 약 1,000명. 율수재
제30회 2009년 4월 28일. 약 600명. 율수재
*학술발표회 시작
제31회 2010년 6월 9일. 약 665명. 율수재
제32회 2011년 5월 3일. 약 700명. 율수재
제33회 2012년 5월 19일. 약 700명. 율수재
제34회 2013년 5월 12일. 약 600명. 김천종합스포츠타운
제35회 2014년 9월 24일. 약 500명. 봉산면 봉계초등학교
*점필재백일장 병행
제36회 2015년 5월 13일. 약 600명. 남산공원
제37회 2016년 5월 18일. 약 600명. 남산공원
제38회 2017년 5월 18일. 약 600명. 남산공원(김천시립미술관)
*매계문학상 시작
제39회 2018년 7월 18일. 약 500명. 김천문화회관
제40회 2019년 5월 29일. 약 500명. 율수재
제41회 2020년. 공모. 10월 5~20일. *코로나19
제42회 2021년. 공모. 10월 5~20일. *코로나19
제43회 2022년 9월 7일. 약 180명. 율수재

제44회　2023년 6월 16일. 약 230명. 율수재
제45회　2024년 6월 5일. 약 290명. 율수재 *전국 확대
제46회　2025년 5월 3일. 약 184명. 김천종합스포츠타운

매계백일장은 제25회(2004년 4월 20일) 김천을 비롯해 인근의 칠곡·문경·군위·청도까지 참가 인원을 확대하여 약 1,300명의 인원이 참가하는 대성황을 이루기도 했다. 이후 참가자를 다시 김천 관내로 제한하였다가, 최근 제45회(2024년)부터 전국 단위로 참가자를 확대하였다. 이제 매계백일장은 김천만의 행사가 아니라 전국적인 행사로 도약하게 된 것이다. 또한 글제가 당일 공개되므로 미리 글을 써 올 수 없고 현장에서 직접 글을 집필해야 하는 점도 특징적이라고 하겠다. 아울러 글제는 시대적 문제를 다루기도 하는데, 제42회(2021년)와 제43회(2022년)에는 전세계적 팬데믹을 가져온 코로나19에 대한 글제가 제출되었고, 제46회(2025년)에는 AI와 같은 글로벌적 주제가 출제되기도 하였다. 창녕조문의 조상을 추모하는 지역의 백일장이 점차 전국적인 차원으로 확대되고, 나아가 글로벌적 글제를 담아내고 있는 것이다. 매계백일장의 '지역'은 '김천'을 넘어 전국·세계로 나가고 있음을 볼 수 있다. 여기에는 비가 와도 장소를 바꿔 개최하며, 전염병이 횡행할 때는 공모 형식으로 글을 접수하고, 개최 장소는 율수재를 원칙으로 하되 상황에 맞추어 교체할 줄 알며, 이제껏 한 번도 누락됨이 없이 선변과 지속적인 지원을 경주해 온 창녕조문의 노력이 한몫하고 있음을 부인할 수 없다.

2) 매계문학상

매계백일장이 초등학생에서 고등학생 등 미래의 청소년 시인을 대상으로 이뤄지는 것이라면, '매계梅溪문학상'은 기성의 시인들을 대상으로 그 성취를 치하하고 앞으로 조위의 문학성을 계승하기를 바라는 마음으로 개설되었다. 제1회 매계문학상 공모에는 "김천문화원과 창녕조씨 문장공파 대종회에서는 조선 성종조에 『두시언해』 간행을 주도하고 유배 가사의 효시인 「만분가」를 집필하는 등 우리나라 문학사에 큰 족적을 남긴 매계 조위 선생의 문학 정신을 기리고 이를 계승 발전시키고자" 매계문학상을 공모한다고 하였다. 등단 10년 이상의 기성 시인으로서 최근 2년 이내 출간한 창작시집 1권을 대상으로 이뤄지는바, 2017년 제1회를 시작으로 2024년까지 모두 8회의 수상자를 배출하였다. 역대 수상자는 아래와 같다.

제1회 2017년 5월 18일. 고형렬
제2회 2018년 7월 13일. 김영탁
제3회 2019년 9월 13일. 김규화/권숙월 *향토문인상 신설
제4회 2020년 11월 3일. 이학성/유언경
제5회 2021년 11월 12일. 천수호/조석현
제6회 2022년 9월 7일. 조명/문진환
제7회 2023년 8월 25일. 홍일표/김대호
제8회 2024년 6월 21일. 김상미/민경탁
제9회 2025년 6월 27일. 한명희/서석철 *만분가상 신설

매계문학상 수상자들의 소감을 들어 보면, 이들이 매계문학상의 의미를 정확하게 알고 있음을 짐작할 수 있다. 고형렬은 "오월 한가운데에서 조위 선생의 문학정신과 생애를 기리는 매계문학상을 수상하게 되어 기쁩니다. 그러나 한편으로는 매계의 삶을 기리기엔 턱없이 부족한 사람으로서 수상이 두렵기만합니다. 특히 한 사람의 꿈과 생애가 나로선 더없이 깊고 아프고 멀고 놀랍습니다. 감히 매화가 피고 지는 신비한 골짜기에 머무는 오월의 서늘함을 그 이름 앞에 바칩니다."라고 시적으로 말했고, 김영탁은 "매계문학상을 받는다는 게 저에게 영광입니다. 그러나 매계의 문장과 인품에 만분의 일이라도 닿을 수 있다면 더 큰 영광이라고 생각합니다. 매계의 절절한 시정신과 유배지의 시공간은 심신이 궁핍한 현대의 문인들에게도 유효하다고 생각합니다. 처절한 유배의 공간에서 무릎을 바닥에 붙이고 몸을 묵직하게 곧추세워 써 내려가 선생의 시정신을 따라가 보겠습니다."라고 진지하게 말하였다. 매계의 삶과 시정신은 현대에도 유효하다는 말이 깊이 와 닿는다. 또한 제3회 이후 향토문인상을 같이 신설한 것은 지역과의 긴밀한 유대를 위해 적절했다고 생각한다. 매계문학상의 출발은 김천 봉계였지만, 이제는 전국을 시야에 두되 향토에 대한 배려도 잊지 않음을 보여 주기 때문이다.

3) 매계 연구

조위에 대한 학술적 논구가 뜻밖에도 많지 않다. 조선 성종조의 대표적인 학자로서 김종직의 매제라는 도학적 사승 관계는 물론이요 두시를 언해하는 책임자였고, 「만분가」를 지은 가사문학의 탁월한 작자라는 점을 생각하면 더욱 의문이 든다. 그런 점에서 창녕조문이 후원하며 시작한 매계 조위에 대한 학술발표회는 뜻깊다. 2009년에 김천시 승격 60주년을 맞이하고 매계백일장 30회를 기념하여 학술발표회가 개최되었다. 30년간 지속된 매계백일장의 성과를 학술적으로 승화하는 자리이기도 했던 것이다. 그 이후 진행된 학술발표회를 정리하면 아래와 같다. 당시 학술발표회가 열릴 때에 회차가 명시되진 않았지만, 이 자리에서 임의로 붙여 보도록 한다.

제1회 2009년 4월 28일. 매계 조위 선생의 삶과 문학
- 이동재(공주대), 김창호(원광대)

제2회 2012년 10월 11일. 매계 조위 선생의 학문과 사상
- 이동재(공주대), 매계 조위의 삶과 사상적 지향
- 김창호(원광대), 조위 시에 나타난 15세기 후반 관인상과 그 의미
- 김진경(단국대), 매계 조위 유배시의 특징 연구
- 이성형(공주대), 매계 조위의 연행 문학 연구

제3회 2020년 11월 3일.
- 김창호(원광대), 15세기 후반의 문학 지형과 매계 조위

제4회 2021년 11월 12일.
- 박영주(원주대), 매계 조위의 삶과 문학적 특징

제5회 2022년 9월 7일.

- 이동재(공주대), 매계 조위의 유배시 세계

제6회 2023년 8월 25일.

- 이성형(공주대), 매계 조위 선생의 국문학사적 의의와 생애

제7회 2024년 6월 21일.

- 권진호(한국국학진흥원), 매계 조위의 삶과 생각

조위가 살았던 조선 전기 성종조 문인을 연구하는 학자들을 중심으로 학술발표가 기획되었으며, 제3회 이후는 매년 정기적으로 학술발표회가 열리고 있다. 2012년의 학술발표회는 제8회 경북역사인물학술발표회를 겸하여 진행되었다. 김천문화원 대강당에서 도내 문화원과 향토사 관계자, 노인회 회원, 시민 등 300여 명이 참석한 가운데 열렸다. 한문학은 물론이요 국문학·고전학 전공자들이 차분하게 조위의 문학세계, 유배시, 문학 지형 속에서의 위치 등을 발표했는데, 이미 『매계집梅溪集』의 번역 및 성종조 문인에 대한 연구, 그리고 『두시언해』와 관련한 시학적 연구도 진행되고 있으니, 머지않아 매계학梅溪學이 하나의 학문 분야로 자리 잡으리라 기대한다. 그 학술적 자극을 위해 창녕조문 매계문중이 지속적으로 노력하고 있음은 물론이다.

4) 문화콘텐츠

창녕조문의 지역과의 접점을 만들려는 노력은 비단 매계백일

장이나 매계문학상, 매계학술발표회에 그치지 않는다. 2019년 봉산면 봉계초등학교 앞에는 '문장공 매계 조위 선생 사적비文莊公梅溪曺偉先生事蹟碑'가 2백여 명의 주민이 지켜보는 가운데 세워졌다. 그간 매계문중의 노력이 지역사회에서 존중받고 공인된 결과이다. 한편 김천시의회 의원들의 연구단체인 '김천시 문화관광 활성화 연구회'는 2023년에 '봉계마을의 인물 역사를 기반으로 한 지역문화 활성화 방안에 대한 연구'를 수행하여, 매계의 자취가 지역밀착형 문화콘텐츠가 될 수 있는 방안을 모색하기도 하였다. 문중의 노력에 대해 관방도 호응하고 있는 것이다.

이보다 앞서 우리는 고려성高麗城과 나화랑羅花郞을 기억할 필요가 있다. 한국가요 1세대로 불리는 이들은 뜻밖에도 창녕조문 매계문중으로 봉계에서 태어났다. 고려성의 본명은 조경환曺景煥, 나화랑은 조광환曺曠煥이다. 고려성은 일제의 탄압이 극심하던 1940년 2월에 서울 종로에서 나라 잃은 민족의 설움을 우회적으로 표현한 가요 〈나그네 설움〉을 탄생시키면서 가수 백년설을 당대 최고의 인기 가수로 만들었으며, 〈제물포 아가씨〉·〈자명고 사랑〉·〈어머님 사랑〉·〈마상일기〉·〈고향에 찾아와도〉 등 수많은 가요를 창작했다. 또한 〈늴리리 맘보〉·〈무너진 사랑탑〉·〈울리는 경부선〉·〈비의 탱고〉·〈청포도 사랑〉·〈열아홉 순정〉·〈님이라 부르리까〉·〈정동대감〉·〈울산 큰애기〉 등은 나화랑이 작곡한 작품이다. 이들은 입향조 조심曺深의 17대손으로서, 조유曺逾의 아들인 조세호曺世虎의 후손들이다. 이들의 생가인 황산댁(나화랑 생

고려성·나화랑 형제 노래비(김천 매계문중 제공)

가)에서 고택음악회가 열리고, 김천시에서 나화랑음악제를 개최하기도 한다. 음악을 통해 매계의 숨결이 전해질 수 있는 가능성이 모색되기를 기대해 본다.

끝으로 매계구거의 대청마루에 앉아서 연못을 내려다보다가 그곳에 담긴 하늘을 바라보던 어느 학생이 떠오른다. 그 아이는 무언가 골똘히 생각하다가 앞에 있던 친구와 까르르 웃음을 터뜨렸다. 그 이유는 도무지 알 수 없다. 그러나 어쩌면 맑고 깨끗한 소리들이 매계가 꿈꾸었던 성세의 매향이 소리로 나타난 것은 아니었을까? 율수재의 매계는 이렇게 그의 계승자들을 만나고 있었다.

전승 - 지역과 고전

2 매계문중, 고전이 되다

1) 첫 만남

창녕조문을 만났던 것은 2024년 여름, 7월 8일이었다. 이전에 개인으로서의 창녕조씨들과 만난 적은 있었을 터이지만 기억이 흐릿한 것을 보면 그리 인상적이지 않았던 듯하다. 집단으로서 창녕조문을 만난 것은 보슬비가 내리는 그날이 처음이었다. 초행길이라 서둘러 가서 봉계마을 초입에 있는 봉산면 문화마을복지회관 앞에 주차했다. 차분하게 내리는 비 저편에서 몇 분의 어른이 먼저 인사를 하며 맞아 주셨다. 그분들과 인사를 나누고, 복지회관 2층의 회의실로 올라가 자리에 앉았다. 한 분이 직접 만들었다며 따라 주는 음료수를 마시면서 종가팀 연구원과 문중의

김천 매계문중 인사들과 함께

인터뷰를 곁에서 지켜보았다. 소박하면서도 진솔하게 하나하나 말씀해 주시는 모습에는 알 수 없는 품위도 풍겼다.

나는 생각지도 못했던 친절함을 만났다. 그분들은 빗길에 찾아 준 마음에 보답하고자 성의껏 말하려고 애쓰되 지나치지 않으셨고, 그러면서 종문宗門에 대한 이야기를 정직하게 해 주려고 노력하셨다. 일일이 족보를 들추고, 조위의 초상화를 내보이면서 창녕조문 매계문중의 자랑스런 역사에 뿌듯해하는 한편으로 과거에 있던 상처나 아픔에 대해서는 누구보다도 애달파했다. 특히 조위와 조신의 관계, 그리고 그 신분적 유제遺制가 안겨 준 관계의 간극이 지금까지도 상흔으로 남아 있음을 더욱 안타까워했다. 그뿐만이 아니었다. 이후 자료 수집을 위해 11월 시제時祭를 참관하는 나에게도 애써 눈길을 주시지는 않았다. 아유阿諛하지 않는 건강한 모습이었다. 제례가 진행되는 동안 근엄하게 지냈고, 또 애써 설명하려 하지 않고 있는 대로 보여 주었다. 조위의 선영을 안내하는 동안에도 찬찬히 일러 주되 들뜨지 않은 목소리로 전해 주었다. 이후 다급한 자료 요청에도 성내지 않으며 참으로 성실하게 회신을 주시고, 절제된 언어로 묵묵히 글감을 기다려 주었다. 참으로 보기 드문 모습들이었다. 나는 창녕조문 매계문중의 모습을 보면서 이들은 이제 고전이 되었다고 생각하였다. 그럼, 고전이란 무엇일까?

2) 종문은 무엇으로 사는가

하나의 가문이 존속되는 동안 다양한 갈래가 태어나고, 그 갈래들은 또 각자의 생명을 유지하면서 나름의 동력을 갖고 살아간다. 갈래가 나눠는 것은 종손과 비非 종손의 갈림에서 비롯되고, 그 갈래의 생명은 또 저마다의 조상이 지닌 위업과 공적에 기대어 흐른다. 종법 제도가 공고했던 조선 사회에서 종문의 유지는 종손 한 사람만 가능한 일도 아니었다. 적손嫡孫의 혈손을 잇기 어려울 때 방손傍孫이나 지손支孫으로부터 후사를 들이는 것이 허용된 것도 그런 맥락에서 이해될 듯하다. 종문이란 특정한 개인의 전유물도 아니고 개인이 책임질 수 있는 존재도 아니다. 종문은 그 자체로 하나의 생명체이다. 자기 주체성을 갖고 있으며, 스스로 움직이는 맥락과 기운을 갖고 있다.

종문은 이른바 종손으로 불리는 중축中軸만을 위한 것도 아니다. 혈연과 지연, 학연을 둘러싼 인간관계의 네트워크가 집적된 유기체로서 구성 요소들, 즉 소속된 일가붙이들 모두의 것이기도 하다. 그런 점에서 그가 종손이든 비종손이든 누구 하나에게 책임을 부여하는 태도는 적절치 않다. 현대는 전근대사회와 달리 인간관계가 원자화되고 원심화되었다는 점에서 윤리에 대한 시각의 조정이 필요하다. 무엇보다 종문은 사유재가 아니라 공공재라는 점을 기억할 필요가 있다. 종문은 하나의 거대한 공동체로서 일가붙이의 공조와 공명 속에서 공존해야 한다. 그런 점에서 창녕조문 매계문중과의 만남은 행운이었다.

3) 지역의 의미

나는 고전학을 공부하고 있다. 주로 한문으로 이뤄진 문헌을 보면서 사유를 깊게 하고 실천적 지혜를 구하고자 노력하고 있다. 그런데 자료를 읽을수록 하나의 공안公案처럼 나를 짓누르는 것이 있었다. 문헌은 언제나 '지금-이곳'이라는 특정한 시간과 공간에 규정되고, 그것은 사람과 자연과 세태와 사상을 묶어 세웠다. 문헌은 과거에 태어났음에도 과거에만 매이지 않았다. 지금도 존재하고 미래에도 그럴 것으로 추측된다. 그 이유는 분명하다. 과거든, 현재든, 미래든 그 시기의 '지금-이곳'의 삶에 의미 있는 지혜를 전해 주고 있어서다. 우리는 그런 텍스트를 흔히 '고전'으로 호명해 왔다. 즉 고전은 상대적인 존재로서, 그것이 놓인 환경 즉 전경典境에 따라 살아 움직이기도 하고 박제되기도 하며 사라지기도 한다.

그런 점에서 고전은 지역에 복무한다. 지역은 '지금-이곳'의 다른 말로서, 환경에 의해 규정되는 인간의 삶 자체를 뜻하기 때문이다. 우리는 '지역地域'의 '지地'로 인해, 지역을 공간의 문제로만 환치하여 이해하곤 한다. 그렇다면 지와 병칭되는 천天은 시간적 개념인가 공간적 개념인가? 또 천과 지와 함께 삼재三才로 불리는 인人은 시간적 존재인가 공간적 존재인가? 천과 지와 인은 모두 시간과 공간을 공유하는 개념이다. 나는 지역을 공간적 개념으로만 이해하는 것은 편면적片面的이고 부당하다고 생각한다.

'지역'은 사람의 삶이 실질적으로 구현되는 3차원적 좌표를 가진 인문적, 인간적 영역이다. 그 자체로 온전한 존재론적 경역境域이다. 그래서 의식 속에 중심을 가설假設한 뒤, 그 주위의 것을 주변이나 부수副率로 처리하는 것은 공평하지 않다. 무엇보다 사실이 아니기 때문이다. 간혹 지역을 서울과 다른 장소를 지칭하는 것으로 많이 사용하곤 한다. 이는 지역을 공간으로만 이해해 왔던 관습적 사고에 기인한다. 특히 전근대적 사회에서 최고

통치자를 중심에 놓고, 다른 존재를 부수로 처리해 왔던 관념에 그 뿌리를 두고 있다. 이제 이를 벗어날 때가 되었다. '지역'을 실제 사람이 살았던 장소나 공간으로만 의미 부여해 왔던 데서 한 단계 더 나아가야 한다.

4) 또 하나의 텍스트

지역에서 태어난 문헌은 무엇이든 존재론적 의미가 있다. 그 문헌은 저마다 경역 주체들의 삶과 지혜, 이성과 감성을 함유하고 있기 때문이다. 잠시, '문헌'이란 말의 의미를 다시 생각해 보자. 『논어』에 의하면 문헌文獻은 글로 이뤄진 서물書物과 지혜를 가진 현인賢人을 아우른다. 서물이 현인들의 노작임을 생각하면 결국 사람의 문제로 귀결됨을 알 수 있다. '지역'을 바라보는 시선의 각도를 달리하니, 이제 사람이 보이기 시작했다. 세상에 존재했던, 존재하는, 존재할 '사람'들을 보편적 인간애에 기반하여 공평하게 바라보기를 권한다. '사람'의 삶을 기준으로 하여 지역과 문헌을 하나로 붙이고 지역의 모든 인문적 산물을 주목하는 것은 인간적이다. 그럴 때 지역이 생산한 모든 인문적 자산은 학연이든 지연이든 권력이든 소용이든 남녀로든 규모로든 어떤 이유로도 차별받지 않고 평등한 가치를 갖게 될 것이다. 이 순간, 종가·종문·문중이 다시 눈에 들어온다. 종가는 혈연으로 이뤄진 인간관계의 집적으로서, 사람들이 존재하는 삶의 방식이기 때문이다. 앞서 언급했던, 매계문중은 고전이 되었다는 것은 바로 이에 근거한다. 매계문중이란 공동체는 시대를 읽어 내는 텍스트가 된 것이다.

그럼, 매계문중은 어떤 고전일까? 과연 고전으로서의 매계문중은 어떤 모습일까? 나는 매계문중이 내세우는 '매계'로부터 그 모습을 유추할 수 있을 듯하다. 조위는 영고성쇠를 모두 경험한 사람이다. 성세를 살면서 지우知遇를 입어 제 뜻을 펼칠 수도 있었지만, 정치적 겁난에 휘말려 끝내 유배 가고 목숨을 잃고, 죽은 뒤에도 부관참시를 당하는 끔찍한 처우를 만났다. 그의 죽음을 안타까워하고 그의 유흔遺痕을 아쉬워한 아우의 수습으로 문집도 무덤도 일궈졌지만, 신분제 사회가 주는 질곡으로 인해 그 아우의 후손들은 그들 형제의 뜻과는 달리 서로 거리가 멀어졌다. 매계의 사후가 이러하니, 매계의 적손들의 삶도 팍팍할 수밖에 없었으리라. 매계구거나 재실을 제외하고 특별한 교육 공간이나 건축을 소유하지 못한 것도 자신들을 내세우는 데 자제할 수밖에 없었던 매계문중의 상황에서 비롯되었다. 그럼에도 이들은 지금까지 통서를 유지해 왔고, 많은 세현들을 배출했으며, 시조부터 현대까지의 종문을 유지해 왔다. 아울러 '매계'라는 인물로 상징되는 종문의 정신을 세상에 전하는 다양한 방식을 도모하였으며, 그 방식 또한 매계의 품성에 맞는 품격을 가진 것이었다. 이제껏 매계를 공부하는 사람들은 서물에 의지해 연구해 왔다고 해도 과언이 아니다. 그러나 서물에 보이지 않는 인간적 정서와 마음, 과거와 현재와 미래를 엮어 낼 맥락을 알기 위해서는 매계문중, 그 자체를 탐구할 필요가 있다. 문중을 이루는 사람 하나하나를 살피고, 표정과 태도, 상처와 자부심, 삶과 죽음, 지속과 단절, 말과 생각 등등을 찬찬히 들여다볼 필요가 있다. 이들은 이제 '고전'이 되었기 때문이다.

5) 화합의 고전

나는 매계문중으로부터 치유와 화합의 고전을 읽는다. 개성에서 김천까지 오는 동안 조심曺深은 어떤 마음이었을까? 봉계구거에 살면서 조위는 무엇을 꿈꾸었을까? 모친의 삶을 요약하면서 어떤 감정을 품었을까? 매제와 같이 도학을 연마하면서 불안하지는 않았을까? 아우 조신과 어울리되 그가 벼슬을 제수받지 못하는 현실을 어떻게 생각했을까? 부친이 부관참시를 당하는 모습을 지켜본 조위의 아들은 어떤 심정이었을까? 매계구거를 율수재로 이름 지은 후손들은 무엇을 말하고자 한 것일까? 번듯한 서원으로 확장하지 못한 채 좁박한 공간으로 일구어 낸 마음은 무엇일까? 여러 대에 걸쳐 정려가 내릴 정도로 효성을 강조했던 이유는 무엇일까? 충효의 이념적 훈육 때문인가? 아니면 인간적 정의情誼 때문일까? 시대가 흐른 뒤, 득성지를 찾고 다시 재사를 하나하나 세웠던 마음은 무엇일까? 극히 최근까지도 묘역을 가꾸고 사적비를 세운 마음은 무엇일까? 무려 45년을 쉬지 않고 백일장을 열어 학생들을 매계가 살았던 공간으로 초청하는 이유는 무엇일까? 강화에서 거제에서 대구에서 천 리를 멀다 하지 않고 시제를 지내기 위해 찾아오는 사람들의 이유는 무엇일까? 낯선 이방인에게 문중의 내밀한 이야기까지 서슴지 않고 말해 준 것은 무엇 때문이었을까?

이런 숱한 질문을 던지다가 하나의 단어가 떠올랐다. 바로 '화합和合'이었다. 이는 종훈 가운데에도 있었다. 화합은 일가붙이에게 우선 요구될 덕목이지만, 창녕조문 매계문중은 이를 세상에 널리 알려서 상처받고 삶이 버거운 사람들 사이에 서로 보듬고 이해하는 공존의 화합을 일깨워 가고 있었다. 사실 그들 스스로 오랫동안 많은 일들을 통해 서로 치유하고 화합해 오고 있었다. 이제 매계문중은 고전이 되었다. 그들은 조상의 현양을 위한 존재만은 아니다. 앞으로 이들은 시대가 어렵고 인심이 각박해지며 관계가 소원해져 어디로 갈지 모르는 우리에게 또 하나의 텍스트가 되어서 읽히고, 길을 안내해 줄 것이다. 조위가 순천으로 유배가서 지은 「만분가萬憤歌」를 분노의 고함이 아니라 상처의 치유로 읽어 내듯이 말이다!

참고문헌

『승정원일기』.

조위, 『매계선생문집梅溪先生文集』.
조신, 『적암유고適庵遺稿』.
조유, 『우졸당유고愚拙堂遺稿』.
조술, 『경매당유고景梅堂遺稿』.
조문식, 『파간유고巴磵遺稿』.
조시영, 『후계문집後溪文集』.

김종직, 『점필재문집佔畢齋文集』.
홍귀달, 『허백정집虛白亭集』.

창녕조씨찬성공파보편찬위원회, 『창녕조씨찬성공파보昌寧曺氏贊成公派譜』, 동아문화사, 2011.
한국국학진흥원, 『2021년도 한국국학진흥원 수탁 국학자료목록집』, 드림디자인, 2022.
한국국학진흥원, 『2022년도 한국국학진흥원 수탁 국학자료목록집』, 동인출판인쇄, 2023.

이동재 역, 『매계집』, 평사리, 2009.
권오웅 역, 『적암유고』, 김천문화원, 2018.

정경주, 『성종조 신진사류의 문학세계』, 법인문화사, 1993.
창녕조씨 김천청년회, 『덕원』 창간호, 삼광출판사, 2005.

민경탁, 『반짝이는 별빛 아래』, 나화랑기념사업회, 2014.

안병희, 「두시언해의 서지적 고찰」, 『한국문화』 19, 서울대학교 규장각한국학연구원, 1997.

이호권, 「두시언해 중간본의 판본과 언어에 대한 연구」, 『진단학보』 95, 진단학회, 2003.

나리사와 마사르[成澤勝], 「두시언해 텍스트 계통 연구의 현황과 과제」, 『국어국문학』 139, 국어국문학회, 2005.

허권수, 「점필재 김종직의 선도와 강우학파」, 『남명학연구』 20, 경상대학교 남명학연구소, 2005.

윤호진, 「매계 조위의 학문연원과 시세계」, 『남명학연구』 20, 경상대학교 남명학연구소, 2005.

이의강, 「매계 조위 한시의 문예미학적 성취」, 『한문학보』 17, 우리한문학회, 2007.

김창호, 「조위 시를 통해 본 15세기 후반 문학 지형의 일면」, 『동양한문학연구』 26, 동양한문학회, 2008.

김진경, 「매계 조위 유배기 작품에 형상화된 정회와 그 의미」, 『한문고전연구』 25, 한국한문고전연구회, 2012.

강미정, 「조위 〈만분가〉에 나타난 원통함과 그 치유 맥락」, 『한국민족문화』 73, 한국민족문화연구소, 2019.

곽귀남, 「매계 조위의 시문학에 나타난 관료문학적 성격」, 창원대학교 박사논문, 2019.

이남옥, 「매계 조위의 피화 복권과 역사적 평가」, 『영남학』 78, 경북대학교 영남문화연구원, 2021.

이성형, 「매계 조위의 기문(記文)에 대한 일고찰」, 『한문학논집』 66, 근역한문학회, 2023.

지은이

김승룡金承龍

서울 출신으로 고려대학교에서 국문학을 전공하고 한문학으로 박사학위를 받았다. 현재 부산대학교 한문학과 교수로 있다. 지식인·동아시아학·지역학 등을 시야에 두고 고전을 공부하고 있다. 저서로 『옛글에서 다시 찾은 사람의 향기』·『고려 후기 한문학과 지식인』·『남명학파의 지역적 전개』(공저)·『이재난고를 통해 본 호남의 역사와 문화』(공저)·『진주 마진마을과 재령이씨가 고문서』(공저)·『고전치유학을 위하여』·『소호당 김택영과 송도인의 발견』·『지역고전학의 시각』 등이 있고, 역서로 『송도인물지』·『[illegible]기집석』 등이 있다.

경북의 종가문화 78

성세盛世의
매향梅香,

김천 매계 조위 종가

찍은 날 2025년 6월 20일
펴낸 날 2025년 6월 24일

기획 경상북도·경북대학교 영남문화연구원
지은이 김승룡
펴낸이 허영우
펴낸 곳 경북대학교출판부
출판등록 1973년 10월 10일 ㉣97호
주소 대구광역시 북구 대학로 80
전화 053-950-3830
팩스 053-953-4692
이메일 press@knu.ac.kr
홈페이지 http://knupress.com

ISBN 978-89-7180-659-3 94900
978-89-7180-657-9 (세트)

정가는 뒤표지에 있습니다. 파본은 바꾸어 드립니다.